The Federal Reserve and the Financial Crisis

金融的本质

伯南克四讲美联储

［美］本·伯南克 著
巴曙松 陈剑◎译 邢毓静◎审校

中信出版集团 · 北京

图书在版编目（CIP）数据

金融的本质：伯南克四讲美联储 /（美）本 · 伯南克著；巴曙松，陈剑译. -- 2 版. -- 北京：中信出版社，2017.5（2025.11 重印）

书名原文：The Federal Reserve and the Financial Crisis

ISBN 978-7-5086-7363-9

I. ①金… II. ①本… ②巴… ③陈… III. ①美国联邦储备系统－研究 IV. ①F837.123

中国版本图书馆 CIP 数据核字（2017）第 052118 号

金融的本质——伯南克四讲美联储
（中英双语版）

著　　者：[美]本 · 伯南克
译　　者：巴曙松　陈　剑
审　　校：邢毓静
出版发行：中信出版集团股份有限公司
（北京市朝阳区东三环北路 27 号嘉铭中心　邮编　100020）
承 印 者：河北鹏润印刷有限公司

开　　本：880mm × 1230mm　1/32　　印　　张：11.5　　字　　数：267 千字
版　　次：2017 年 5 月第 2 版　　印　　次：2025 年 11 月第 30 次印刷
京权图字：01-2013-6550
书　　号：ISBN 978-7-5086-7363-9
定　　价：58.00 元

服务热线：400-600-8099
投稿邮箱：author@citicpub.com

THE FEDERAL RESERVE AND THE FINANCIAL CRISIS

目 录

金融危机中的中央银行与货币政策：伯南克观点

在美联储的发展历史上，能够亲历重大金融危机并且参与具体应对的美联储主席并不多，伯南克是其中之一。作为一位持续跟踪研究“大萧条”以及金融危机相关问题的金融学家，伯南克在金融危机中得以有机会在其理论研究的基础上直接参与危机应对的决策。从这个意义上说，伯南克如何看待金融危机中的中央银行、如何看待金融危机中的货币政策，就有其特别的价值。无论是伯南克的支持者还是批评者，许多人实际上都对伯南克在金融危机中的决策逻辑和政策思考格外关注。

伯南克与美联储的渊源

伯南克于1953年出生在美国佐治亚州，他在大学入学考试中，以十分优秀的成绩被哈佛大学录取。1975年，他以经济学系最优等的成绩从哈佛毕业，随后进入麻省理工学院深造，并于1979年获得博士学位。之后伯南克投身教职，在斯坦福大学任教6年（1979~1985年），又于1985~2002年间在普林斯顿大学担任经济和政治事务教授，还曾担任该校经济系主任。

从其研究经历看，伯南克与美联储一直有着密切的联系。在担任美联储主席之前，他就与美联储有过近20年的深入接触。1987~1996年间，他先后在费城联邦储备银行、波士顿联邦储备银行、纽约联邦储备银行做访问学者；他还是纽约联邦储备银行学术顾问小组的成员（1990~2002年）；2002~2005年间，他是美联储理事会成员；2006年，他接替艾伦·格林斯潘，成为美联储主席。

此外，伯南克的研究方向也与其美联储的工作十分契合。他主要研究货币政策和宏观经济史，学术成果颇丰。在货币政策方面，伯南克主张设定一个明确的通胀目标，并清晰地向公众传达政策目标和计划行为，以引导市场通胀预期，推动美联储提高政策的可信度。他在《通货膨胀目标制：国际经验》一书中，比较集中地阐述了上述理念。

值得一提的是，伯南克对“大萧条”有着深入的研究。他在博士学习期间，就醉心于研究美国20世纪30年代的经济大萧条。他认为自己是个“‘大萧条’迷”，对“大萧条”的研究贯穿了其整个学术生涯。他曾说过：“解释‘大萧条’是宏观经济学的‘圣杯’。”2000年出版的《大萧条》（*Essays on the Great Depression*）一书，收录了伯南克1983~1996年间发表的多篇关于“大萧条”的论文。他认为总需求下降是“大萧条”爆发的决定因素，而总需求下降由货币和金融两方面因素导致：货币因素是指当时存在缺陷和管理不善的金本位制所带来的全球性的货币供给紧缩；金融因素则是指银行业恐慌和银行倒闭潮堵塞了正常的信贷流动渠道，从而加剧了经济崩溃。

虽然伯南克在学术和理论研究上一直关注“大萧条”，但他在继任美联储主席时未曾想到，华尔街和全球金融市场可能也未曾料到，这位一直跟踪研究“大萧条”的金融学家，确实在面对一次真正类似“大萧条”的金融危机。

从经济环境看，伯南克本来是在美国经济欣欣向荣时继任美联储主席的，上台伊始，他还承诺将在一定程度上保持“格林斯潘时代”政策的延续性。但出乎美联储意料的是，在伯南克履新后不久就迎来了震撼世界的美国金融危机。伯南克对“大萧条”的深入研究、在多个联邦储备银行做访问学者的经历，刚好为他应对危机奠定了理论和实践基础。

对于伯南克如何带领美联储应对此次危机，各类媒体已有种种报道。如拯救“大而不倒”的金融机构、实施量化宽松（quantitative easing，即QE）等，早已为世人所熟知。但许多读者却少有机会系统性地了解，在应对此次危机过程当中，美联储相关政策背后的经济金融决策理念。

本书正好为我们提供了这样一个视角。它是根据伯南克 2012 年在乔治 · 华盛顿大学的四次讲座的内容整理而成，于 2013 年在美国出版，出版之后很快成为华尔街广受关注的金融读物之一。

本书的内容要点

本书分为四讲，内容贯穿了美联储从 1913 年成立至此次金融危机期间 90 多年的历史，既是一本关于美联储的中央银行金融简史，也是应对危机的金融政策演变史。

第一讲主要讲述美联储的起源与使命。美国南北战争结束后的 40 多年间，美国经历了 6 次大的银行体系恐慌，促使其于 1913 年成立了美联储，以维护银行体系的稳定。刚刚诞生的美联储度过了十余年“轻松而愉快”的时光，那是美国历史上的一段经济繁荣期。1929 年金融危机爆发，美联储迎来了第一次重大挑战。不幸的是，那次危机最终还是演变成了“大萧条”。除了经济史和纪录片中那些关于“大萧条”的画面，一系列数据也揭示了当时美国的惨状：近万家银行倒闭，股指下跌达 85%，GDP（国内生产总值）下跌近 1/3，物价下跌近 20%，失业率逼近 25%。

伯南克认为，美联储在“大萧条”期间并未发挥应有的作用、履行其应有使命，而这正是导致金融危机恶化为“大萧条”的关键性因素。

伯南克指出美联储有两大使命：其一是维持金融稳定，即保证金融体系正常运转，缓解甚至阻止金融危机或金融恐慌；其二是维持经济稳定，保持经济稳定增长，并维持低通胀。美联储可以分别运用最后贷款人工具和货币政策工具来践行上述两大使命。

本书的第二讲，伯南克讲述了“二战”以来直到最近这次金融危机爆发前的美联储。“二战”期间，一直到 1951 年，为降低美国政府战争债务的压力，美联储被迫维持低利率。1951 年，《美联储—财政部协议》签署，美联储才获得独立地位。随后，美联储在 20 世纪 50 年代实施了“逆风向”的货币政策，迎来了经济的繁荣发展。从 60 年代中期开始，因信奉通胀率和失业率之间的替代关系（即菲利普斯曲线），美联储的货币政策开始转向过度宽松，为通货膨胀埋下了隐患。随着 70 年代石油危机的爆发，美国经济再次陷入高通胀。70 年代末，当时美联储的铁腕主席保罗 · 沃尔克宣布提高利率（30 年期住房抵押贷款利率达 18.5%），通胀水平随之下降，但也致使失业率飙升至 10% 以上。沃尔克因此被称为“反通胀斗士”。

沃尔克的相关政策，虽然带来了美国经济的阵痛，但也为格林斯潘时代的经济“大缓和”时期奠定了基础。格林斯潘于 1987 年出任美联储出席，在任 19 年内，美国经济增长和通胀率的波动区间都大为缩小，因此被称为“大缓和”时期。

2001 年互联网泡沫危机爆发，在格林斯潘和美联储的应对下，此次危机导致的经济衰退只持续了 8 个月，是一场温和的衰退。伯南克将互联网泡沫危机和最近的这次经济危机进行了比较。他提出了疑问：与 2001 年的股市暴跌相比，2006 年房价下跌所导致的账面价值缩水量与其相当，为何此次危机对经济的影响更为严重？他给出了这样的解释：房价下跌只是个导火索，关键是金融体系的诸多漏洞导致了火势的迅速蔓延。

本书的第三讲和第四讲主要阐述此次金融危机以及美联储的应对措施。这两讲能让我们充分了解美联储相关政策如何出台及其背后的理念。在第三讲中，伯南克主要道出 2008~2009 年间金融危机深化时，美联储是如何履行其最后贷款人职能以维持金融稳定的。面对货币市场基金遭遇“挤兑”、商业票据市场面临冲击、市场流动性冻结等局面，美联储秉承“白芝浩原则”，通过贴现窗口迅速向金融体系注入大量资金。美联储还对贝尔斯登、美国国际集团和“两房”等大型金融机构实施救助，以避免其倒闭带来恐慌性蔓延。

第四讲主要讲述金融危机带来的影响。首先，金融危机导致了严重的经济衰退。对此，美联储积极利用货币政策工具来追求经济稳定。美联储最先启用传统货币政策，将联邦基金利率由2007年末的5.25%迅速降至2008年末的0~0.25%。至此，调控短期利率的传统货币政策已用尽，但经济仍在急剧衰退。于是，美联储又启动非传统货币政策——大规模资产购买计划（LSAPs），也就是量化宽松。第一轮和第二轮量化宽松分别于2009年3月和2010年11月开始，从而使美联储资产负债表膨胀了两万多亿美元。

其次，金融危机让美联储等监管机构对金融体系漏洞有了更深入的思考。2008年之后，美国进行了大量的金融监管改革，包括出台《多德–弗兰克法案》[①]。该法案对系统性监管的缺失、对部分金融机构及业务的监管真空、“大而不倒”、衍生品业务等漏洞都给出了相应的解决方案。

组织翻译和校对本书的期望

伯南克在本书中指出，美国金融危机在2009年初基本稳定了下来，经济衰退也在2009年中期基本结束。

---

① 根据传统，美国的法案因相关委员会的主席而得名。巴尼 · 弗兰克时任众议院金融服务委员会主席，2010年众议院由民主党掌控，克里斯 · 多德时任参议院银行委员会主席。

有分析指出，伯南克领导的美联储，比较成功地阻止了第二次“大萧条”的发生。或基于此原因，2009年，伯南克当选美国《时代》周刊年度人物，该刊对他的评价是：“如果没有伯南克，情况还会更糟！伯南克不只是吸取历史教训，他还自己谱写了历史。”美国总统奥巴马在提名伯南克连任美联储主席时，评价伯南克“是一个对经济大萧条起因有着深入研究的专家……拥有深厚的专业背景、过人的勇气和创造力，有能力来完成作为美联储主席的使命”。

尽管伯南克广受赞誉，但也不乏对他的批评之声，如伯南克在危机爆发初期，对其严重性估计不足；对大型金融机构的救助，更是招致了很多美国民众的不满；大规模的流动性扩张，引发了对未来通胀的担忧等。信奉自由市场的人曾对他发起猛烈抨击，认为美国不能回避严厉的结构调整来提振经济，而伯南克主张的政策对提振经济的利好效应可能是短暂的，成本却会加倍，这些政策实施的时间越长，最终就越是骑虎难下。

而通过这本书，读者可以更多地倾听伯南克自己的声音，进行更深入的思考。

本书的翻译由巴曙松研究员主持和组织，他还与陈剑博士共同进行翻译协调和统稿校订工作，我负责对全文进行进一步的审校。巴曙松、陈剑、高扬、李食美、樊燕然、张悦、路扬、余芽方、孙兴亮、白海峰、郑伟一等参与了初译，初译之后又经过了四轮交叉校订与统校，以及从语言、专有名词等各方面进行的修订。整个翻译过程历时半年，译者希望通过翻译本书，引导读者同亲历金融危机决策的伯南克一起回顾金融危机的演变和美联储的历史。当然，再细致的工作也难免出现疏漏与不足，还望广大读者在阅读的同时不吝批评指正，以便我们不断改进并完善工作。

是为序。

邢毓静

中国人民银行货币政策委员会秘书长、研究员

2013年12月于金融街

（文中观点仅代表个人观点，不代表任何机构）

THE FEDERAL RESERVE AND THE FINANCIAL CRISIS

第一讲

美联储的起源与使命

在这四次讲座中，我主要想谈一谈美联储和金融危机。我对此的看法主要是基于我作为一名经济史学家的角度得出的。要分析过去这几年发生的问题，我认为得把它们放到央行职能这个大背景下去考虑才有意义，因为中央银行系统已经存在好几个世纪了。因此，尽管我在这几次讲座中会着重介绍金融危机和美联储的应对措施，我也会对这场危机发生的大背景进行回顾。在讲到美联储时，我会概括性地介绍一下中央银行的起源及其使命。我也会带领大家回顾以前发生的金融危机，尤其是 1929 年的“大萧条”，从中可以了解美联储为了履行央行使命是如何决策和行动的。

在本讲中，我暂不涉及当前这次金融危机，而是先讲讲中央银行的定义、职能以及它是如何在美国出现的。我还会介绍美联储如何应对其第一次重大挑战，即 20 世纪 30 年代的经济大萧条。在第二讲中，我会回顾“二战”后中央银行及美联储的发展情况、美联储在 20 世纪 80 年代如何战胜通胀、格林斯潘任期内的“大缓和”时期（the Great Moderation），以及 1945 年后发生的其他一些变化。此外，我还会花一定的时间讲讲危机是如何逐渐形成的，以及导致 2008~2009 年经济危机的部分原因。第三讲中，我们会更多地探讨近期发生的事件，包括此轮金融危机最严重的阶段、危机发生的原因及产生的后果，还有美联储和其他政策制定者对危机的应对等。最后，在第四讲中，我将谈一谈危机的后果，包括危机后的经济衰退、美联储的应对措施（包括货币政策）以及金融监管方面的变革等。此外，我还会对此次金融危机如何改变央行的运作方式，以及美联储未来会如何运作，进行一些前瞻性的讨论。

央行是什么？

先让我们从广义上来谈谈央行是什么。如果你有一些经济学基础的话，就会知道中央银行并不是普通的银行，它实际上是个政府机构，处于一个国家货币和金融体系的核心。中央银行是非常重要的机构，它引导了现代货币及金融体系的发展，并在经济政策制定中发挥重要作用。在过去很长一段时间内，由各种各样的机构代行中央银行的职能。而如今几乎每个国家都建立了中央银行，如美联储、日本银行、加拿大银行等。货币联盟是个例外，联盟中的多个国家共享一家中央银行。欧洲中央银行就是个典型的例子，它是欧元区 17 个国家共同的中央银行。即便如此，各成员国仍拥有各自的中央银行，这些央行也是整个欧元体系的组成部分。如今中央银行已经普遍存在，即使是小国家也拥有中央银行。

那么，中央银行的职能是什么？其使命又是什么？在此，我们将对央行的两个职能进行一些探讨。第一个职能是维持宏观经济稳定，即追求经济稳定增长，避免大幅波动（如衰退等），并维持稳定的低通胀，这是中央银行的经济稳定职能。另外一个职能，也是这一系列讲座会重点探讨的一个功能，就是金融稳定职能。中央银行要尽可能地保证金融系统的正常运作，尤其是要尽可能防止金融恐慌，避免发生金融危机。

要履行这两大职能，中央银行都有哪些工具可用呢？简单地说，主要有两套基本工具。稳定经济方面的工具主要是货币政策。例如，在通常情况下美联储可以通过在公开市场买卖证券，来降低或提高短期利率。当经济增长过缓或通胀水平过低时，美联储可以通过降息来刺激经济发展。美联储的低利率会传导至其他各种利率，进而刺激房产购置、建筑施工和企业投资等。低利率会创造更多的需求、消费以及投资，从而拉动经济增长。同样，如果经济增长过热或通胀问题严重，那么央行常用的应对措施就是提高利率。提高隔夜拆借利率，也就是提高各银行向美联储借钱的成本，这个利率在美国被称为联邦基金利率。美联储提高利率将会系统性带动其他利率的上涨，这样就可以通过提高车贷、房贷及其他类型贷款的成本，或是提高生产资料的投资成本，来减轻经济过热的压力，从而抑制经济过快增长。货币政策是中央银行多年来试图让经济在增长和通胀两方面都保持稳定而使用的一个基本工具。

中央银行用来应对金融恐慌或金融危机的主要工具是流动性供给。大家对这项职能或许不那么熟悉。出于对金融稳定性的考虑，中央银行会向金融机构提供短期贷款。在金融恐慌或危机期间，向金融机构提供短期信贷能平息市场情绪，有利于维持这些金融机构的稳定性，有助于缓解甚至终结金融危机。央行的上述行为被称作“最后贷款人”工具。如果金融市场崩溃，金融机构又没有其他资金来源，那么中央银行就要随时准备做最后贷款人，通过提供流动性支持来帮助稳定金融系统。

大部分中央银行（包括美联储）还有第三个工具，即金融监管。中央银行通常扮演着监管银行体系的角色，通过评估银行投资组合的风险状况、确保银行运营规范等，来保持金融系统的健康。如果一个金融系统能保持健康发展并将其风险控制在合理范围内，那就从源头上降低了金融危机发生的可能性。但这一工具并不是央行所特有的。例如，在美国，还有许多其他机构与美联储一起监管着金融系统，包括美国联邦存款保险公司、货币监理署等。因此，我在这里不对该工具予以详谈，而是重点分析其他两个重要工具——货币政策和最后贷款人职能。

中央银行起源于哪里呢？大家可能还不知道，其实中央银行并不是个新鲜事物，它已经存在很长时间了。大约三个半世纪前，1688年，瑞典就建立了中央银行。英格兰银行成立于1694年，在接下来的几百年，或者说至少在好几十年中，它都是全球最重要也最有影响力的中央银行。[①]法国的中央银行成立于1800年。所以说，有关中央银行的理论和实践，都不是什么新鲜事物。多年来，经济学者和其他领域的学者已对这些问题进行了大量思考。

什么是金融恐慌？

我还要再谈谈什么是金融恐慌。总体来说，金融恐慌是由大家对金融机构失去信心而引起的。要解释这个问题，最好的办法是举一个大家都熟悉的例子。如果你看过电影《生活多美好》，你就会知道詹姆斯·斯图尔特在片中扮演的银行家所遭遇的问题之一，就是他的银行面临挤兑威胁。什么是挤兑呢？我们可以设想一种类似的情况。想象一下，在存款保险制度和联邦存款保险公司出现之前，美国的某一个街角有一家普通商业银行，我们姑且称之为华盛顿第一银行。这家银行以向企业发放贷款为生，其资

① 英格兰银行刚成立时并不是一个职能完备的中央银行；它最初只是一个拥有部分央行职能的私人机构，其职能包括发行货币和充当最后贷款人。但是随着时间的推移，中央银行基本上成了政府机构，就像现在这样。

金主要来源于所吸收的公众存款。这些存款被称为活期存款，也就意味着储户可以随时提取。随时可提取这一点很重要，因为人们在日常生活中会经常用到存款，比如购物。

现在想象一下，假设出于某些原因，有传言说这家银行出现了不良贷款并导致其陷入亏损。作为储户，你会这么想："我不知道谣言是不是真的，但是我知道，如果坐等其他人把存款取出来，那等到自己最后一个去取钱时，也许一分钱也取不到了。"接下来你会做什么呢？你会去跟银行说："我也不知道谣言是不是真的，但我知道大家都会来银行取钱，所以现在我也要把我的钱取出来。"这样一来，储户们就都在银行门前排起了长队。

如今，没有一家银行会持有与储户存款相当的现金，银行一般将现金贷出，形成贷款。所以一旦银行的最低现金储备耗尽，银行就只能通过出售或处置其贷款来满足储户的提款需求。但出售商业贷款很困难，这不仅需要时间，而且往往还得折价出售。可能在银行还没来得及着手出售的时候，储户们就已经找上门来了，吵着问："我的钱呢？"所以说恐慌是一种自我实现的预言。储户恐慌使得银行遭遇挤兑，银行不得不折价销售资产来应对，最终导致银行破产，同时许多储户也可能面临存款损失，就像"大萧条"时期一样。

恐慌是个非常严重的问题。如果一家银行出了问题，隔壁银行的储户可能就会担心他们存钱的银行是不是也会出问题，因此，一家银行遭到挤兑会导致更普遍的银行挤兑或更大范围的银行体系恐慌。在联邦存款保险公司成立之前，有时银行为了应对恐慌或挤兑会拒绝储户提款，他们会说："不能再取款了，我们停止营业了。"限制储户取款会产生负面影响，也会给那些需要支付工资或需要买东西的人带来麻烦。不只是许多银行会倒闭，更为严重的是，银行业恐慌常常会蔓延到其他市场，例如常常伴随而来的是股市崩盘。可想而知，所有这些事情加起来，会对经济产生怎样的不利影响。

如果金融机构持有期限较长的非流动性资产——非流动性意味着出售这些资产（如贷款）需要花费相当多的时间和精力，而支持这些资产的资金（如发放贷款的资金）却主要来自资产负债表另一侧的短期负债（如储蓄），那么金融恐慌随时都有可能发生。在这种情况下，很有可能储户会说"等等，我不想把钱存在这儿了，我要取走"，这样金融机构就会遇到严峻的问题。

那么美联储如何能帮助詹姆斯·斯图尔特呢？记住，中央银行能够行使最后贷款人职能。想象一下，詹姆斯·斯图尔特正在将现金交到要求取款的储户手上，但其银行储备的现金可能满足不了所有提现需求。银行有足量的优质贷款，但不能直接变现，而这时储户又在门口等着要立刻提走他们的钱。这时，美联储就发挥作用了。詹姆斯·斯图尔特可以联系当地的美联储办事处："你看，我有一大把优质贷款，可以抵押给你，请你贷一些现金给我。"这样一来，詹姆斯·斯图尔特就可以从中央银行提出钱来兑付给储户。只要他的银行的确有偿付能力（即只要贷款确实优质安全），那么挤兑就会被平息，恐慌也就结束了。因此通过接受金融机构的非流动性资产作为抵押而向其提供短期贷款，中央银行可以为金融系统注入资金，支付给储户和短期借款人，从而稳定局势，结束恐慌。

英格兰银行很早就开始使用这种方法了。事实上，在银行业发展史上有一个关键人物，他是一个名叫沃尔特·白芝浩的记者。他对央行职能及相应政策有大量研究，并得出了一个论断：在恐慌时期，中央银行应当大量放款，只要找上门来的人有抵押物，就可以放款给他。中央银行需要持有安全的抵押物，以确保能收回贷款，因此这些抵押必须是优质安全的，否则贷款时就必须打折计算。当然，中央银行还应征收惩罚性利率，这样人们才不会利用这种恐慌局势来占便宜。人们愿意支付较高水平的利率，这表明他们确实急需现金。如果中央银行按照“白芝浩原则”行事，那它就可以平息金融恐慌。一旦银行或金融机构发现自己正在失去储户或其他短期借款人的支持，就可以向中央银行申请贷款。中央银行接受抵押并提供现金贷款，银行或金融机构则有足够的资金来兑付给储户，从而平息恐慌。如果没有中央银行这个资金来源，没有最后贷款人，那么很多机构就不得不破产倒闭。如果它们不得不贱卖资产，其他银行会发现自己的资产也在贬值，这将会引发一些新的问题。于是，恐慌会通过担忧、谣言或资产贬值等形式，蔓延到整个银行体系。所以说，作为中央银行，有效及时地介入非常重要。央行可以提供短期流动资金，避免整个体系崩溃或至少减轻其沉重负荷。

让我们来更详细地谈谈美国以及美联储。美联储成立于1913年。出于对宏观经济和金融稳定性的考虑，国会和伍德罗·威尔逊总统决定创建美联储。南北战争过后直到20世纪初期，美国还没有成立央行。因此，当财政部不能行使稳定金融系统的职能时，这种职能只能由私营企业完成。有许多关于私营企业尝试履行最后贷款人职能的有趣例子，如纽约票据交换所。这是一家私人机构，是一个由纽约普通商业银行组成的团体。之所以叫作票据交换所，是因为它最初就是各银行互相清算票据的场所，银行每天都会来这里结算支票。随着时间的推移，票据交换所开始发挥一些类似中央银行的职能。比如，如果某家银行资金压力较大，其他银行会聚集到票据交换所，共同借款给这家银行，以便其兑付给储户。从这个意义上讲，票据交换所扮演了最后贷款人的角色。有时，票据交换所还会一致同意整个银行系统歇业一周，然后对遇到困难的银行进行观察，评估其资产负债表，以确定其是否是一家安全、信用良好的银行。如果是的话，这家银行就可以重新开业，这样通常也能平息恐慌。这些都是民间尝试稳定银行系统所做的努力。

尽管如此，此类民间组织并不能完全承担中央银行的职能。除财力不够雄厚外，它们还缺乏独立央行所具有的公信力。毕竟这些银行都是私营机构，人们担心它们可能违背公众利益。因此有必要由美国政府来建立一个行使最后贷款人职能的机构，以帮助流动性不足但具备偿付能力的商业银行平息其所遭遇的挤兑。

这并不仅仅是假设。南北战争结束后，从 1879 年金本位制恢复到美联储成立期间，美国的金融恐慌一直都是个非常严重的问题。图 1–1 展示了那段时期，在 6 次比较大的银行业恐慌中，美国银行的倒闭数量。

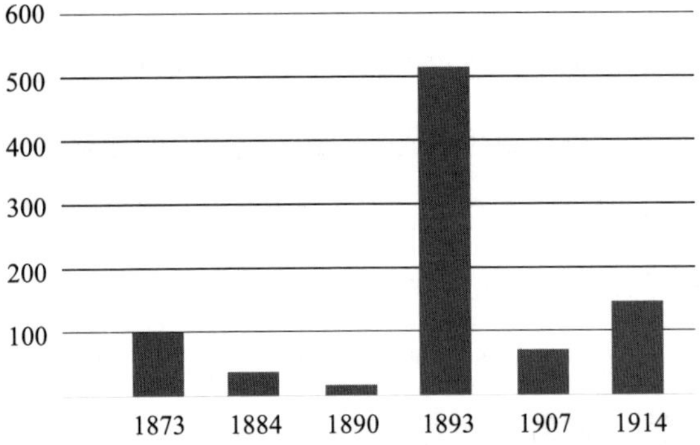

图 1–1　1873~1914 年在银行业恐慌中倒闭的银行数量

资料来源：1873~1907 年的数据来自《镀金时代的银行业恐慌》（埃尔穆斯·威克，剑桥大学出版社 2006 年版），表 1–3；1914 年的数据来自《银行和货币统计，1914~1941》

你可以看到，在 1893 年那次异常严重的金融恐慌中，全美国有 500 多家银行倒闭，给整个金融体系和实体经济造成了严重后果。在 1907 年那次恐慌中，尽管倒闭的银行数量大为减少，但是倒闭的单个银行的规模变大了。自那次危机后，国会开始考虑也许有必要建立一个政府机构来应对金融恐慌。有关方面向国会提交了一份长达 23 卷的关于筹备中央银行的研究报告，国会慎重审议并着手建立央行。最终，在又一次遭遇金融恐慌之后，中央银行于 1913 年成立。因此，可以说美国国会在 20 世纪初决定成立中央银行，主要还是出于稳定金融系统方面的考虑。

金本位制的利与弊

大家不要忘了，中央银行的另一项职责是维持币值和经济稳定。从南北战争结束到 20 世纪 30 年代的绝大部分时间内，美国实行的一直是金本位制。什么是金本位制呢？它是一种货币体系，在这个体系中，货币的价值以黄金的重量来衡量。例如，在 20 世纪初，根据法律，黄金的价格是每盎司 20.67 美元。美元与黄金的重量之间存在一种固定关系，这样反过来也设定了货币供应量，并有助于确定市场上的价格水平。尽管央行的存在有助于加强对金本位制的管理，但是在很大程度上，真正的金本位制会创造出一个自我管理的货币体系，而这样的货币体系至少能部分替代央行的职能。

不幸的是，金本位制还远非完善的货币体系。比如，金本位制造成了极大的资源浪费，你需要开采数以吨计的黄金，然后运到纽约美联储的地下室。米尔顿 · 弗里德曼曾经强调过这一点，金本位制消耗的巨大成本之一在于，所有的黄金必须全部从一处地下开采出来，然后再转存到另一处地下。除此以外，实际表明金本位制还会导致许多更严重的金融及经济问题。

以金本位制对货币供给的影响为例，由于金本位制决定了货币供给，央行通过货币政策调控来稳定经济的作为空间就会受到限制。在金本位制下，当经济表现强劲的时候，货币供给就会增加并导致利率下跌，这与今天同样情况下中央银行的做法刚好相反。由于金本位制限制了货币供给，央行就不能灵活地调控利率——在经济不景气时期下调利率，在通胀时期提高利率。有人认为这是金本位制有利的一面，这样中央银行就无权自作主张了（对此人们有争议）。但这也的确会带来负面影响：相较于现代经济，在金本位制下，经济产出和通胀水平的波动性都更大。

金本位制还存在其他问题。比如，它会导致实施金本位制的各国货币之间形成一个固定汇率体系。例如，1900 年，美元的价值大约为 20 美元兑换 1 盎司黄金，英镑的价值大约是 4 英镑兑换 1 盎司黄金，如此一来，20 美元就等于 4 英镑，即 1 英镑等于 5 美元。如果两个国家都实行金本位制，那么两国货币间的汇率基本上就固定了。不像今天，汇率是可以变化的，如欧元兑美元的汇率可能上涨也可能下跌。有人认为固定汇率是有利的，但它至少导致了如下问题，即一国货币供应量如果发生变化或受到冲击，或是采取了一系列错误政策，那么通过金本位制与该国货币相关联的其他国家也会受到影响。

举一个现代的例子。如今，中国将人民币与美元汇率绑定。当然近来这种联系的灵活性有所增强，然而很长时间以来，人民币与美元之间存在紧密联系。这意味着，如果美联储在美国经济不景气的时候通过降低利率来刺激美国经济，那么中国国内的货币政策最终也会放宽，因为不同国家的同一种货币，其利率必须是一样的。然而低利率也许并不适用于中国国情，结果中国可能会发生通货膨胀。所以，无论是有利还是不利的政策，都会通过固定汇率制，从一个国家传导至另一个国家，剥夺一国独立管理其本国货币政策的权力。

金本位制的另一个问题是投机冲击。一般而言，金本位制下的中央银行只持有小部分必需的黄金，以支持整个货币供给。英格兰银行实际上就以其黄金持有量低而著名，被约翰 · 梅纳德 · 凯恩斯称为“黄金薄膜”。英格兰银行持有的黄金数量虽然较少，却具有在任何情况下维护金本位制的公信力，所以没有人因其持有黄金少而对其进行投机性冲击。但如果出于某种原因，市场对于央行维持金本位制的意愿和承诺失去了信心，那么其货币就会成为投机冲击的目标。这就是 1931 年发生在英国的真实情况。当时，由于种种原因，投机者对英镑失去了信心，于是，就像银行挤兑那样，他们带着英镑来到英格兰银行，吵着要兑换成黄金。因为没有足够支持其全部货币供给的黄金储备，没多久，英格兰银行的黄金储备就兑换告罄，这在很大程度上迫使英国宣布放弃金本位制。

有这样一个故事，说当时一位英国财政部官员正在洗澡，一个助手跑来报告："我们脱离金本位制了！我们脱离金本位制了！"而那位官员回答说："原来金本位制是可以放弃的啊。"是的，他们可以放弃，而且由于英镑受到投机冲击，他们也别无选择。此外，正如我们在美国的例子中看到的那样，有很多金融恐慌都与金本位制相关。金本位制并不总是能稳定金融系统。

最后，人们称金本位制的优点之一是能维持币值的稳定，它能让通货膨胀水平保持稳定——长期来看确实如此。但是短期来看（差不多5年或10年内），你会发现，金本位制下的通货膨胀（物价上涨）或通货紧缩（物价下跌）现象经常发生，因为在金本位制下，经济中的货币总量会随着黄金开采量等因素的变化而变化。举个例子，如果在加州发现了金矿，那么经济中的黄金总量就会上升，从而导致通货膨胀；而如果经济快速增长，黄金就会短缺，从而导致通货紧缩。因此在短期内，实施金本位制的国家会频繁地发生通货膨胀和通货紧缩。然而长期来看，如几十年间，物价则是相对稳定的。

这对美国而言也是个很严重的问题。19世纪后期，相较于经济增长，黄金总量出现了相对短缺。黄金不足，导致货币供应开始相对收缩，美国经济经历了一次通货紧缩，也就是说，这个时期的物价逐渐下跌。这引发了许多问题，尤其是对农民及其他从事农业相关工作的劳动者造成了影响。设想一下，如果你是一名堪萨斯的农民，从银行贷了款，每月必须支付 20 美元的还款，而且支付的款项是固定的。那么你如何获得用于偿付贷款的资金呢？你会通过种植农作物，然后在市场上出售来获得。如果发生通货紧缩，那就意味着你的玉米、棉花或谷物的价格在这段时间是下跌的，但是你每月支付给银行的款项是不变的。因此通货紧缩给农民带来巨大压力，他们眼睁睁看着自己产品的价格不断下跌，但债务却丝毫没有减少。因此，农民被农作物价格的不断下跌榨干了。他们意识到通货紧缩并不是一次意外，而是由金本位制造成的。

所以当威廉 · 詹宁斯 · 布莱恩竞选总统时，他的主要竞选主张就是要完善金本位制。他尤其想将金属银添加到这个金融体系中。这样一来，流通中的货币量就会增加，通胀水平也可以随之提高。他关于这项主张的演讲十分具有感染力，很有 19 世纪演说家的风采，他说："你们不能将用荆棘制成的王冠压向劳动者的额头，亦不能将人民钉死在黄金的十字架上。"他想表达的是，金本位制正在伤害那些勤劳正直的农民，他们竭尽全力去偿还银行贷款，却发现自己农产品的价格在不断下跌。

因此，金本位制出现问题是推动美联储成立的原因之一。1913 年，在所有研究全部完成以后，国会终于通过了《联邦储备法案》，奠定了美联储成立的基础。威尔逊总统把签署《联邦储备法案》看作自己执政期间最重要的国内政治成就。为什么他们想建立中央银行呢？《联邦储备法案》规定，新成立的美联储有两项任务：一是行使最后贷款人职能，努力缓解银行体系每隔几年就要经历的恐慌；二是管理金本位制，取消金本位制对币值的严格限定，避免利率和其他宏观经济指标的大幅波动。

有趣的是，美联储并不是国会为建立中央银行而进行的第一次尝试。之前还有两次尝试，一次是由亚历山大·汉密尔顿提出的，还有一次则是在19世纪提出的。在这两次尝试中，国会都否决了成立央行的议案，问题主要在于以商业街为代表的普通民众和以华尔街为代表的资本家之间存在重大分歧。商业街人士（如农民）担心中央银行会成为主要为纽约和费城那些资本家提供服务的工具，而非代表整个国家的利益，也不会成为真正意义上的国家中央银行。因此，前两次建立央行的尝试均以失败告终。

伍德罗·威尔逊总统尝试用另一种途径进行改进：他不只在华盛顿建立一家中央银行，还在全美各大主要城市创建了12家联邦储备银行。图1–2显示了今天仍然存在的12个联邦储备区，其中每一个区都有一家联邦储备银行。[①]华盛顿的联邦储备委员会监管着整个系统。这种机构安排的价值在于创建了一家真正意义上的中央银行，一个能代表这个国家每个地区人民利益的央行，国

① 请注意图中右侧的黑点数量。在1914年，美国大多数经济活动都集中在东部地区。当然，现在经济活动在全美有了更广泛而均衡的分布，但联邦储备银行的分布，还是保留了1913年时的特征。

图 1–2　联邦储备区、联邦储备银行所在地以及联邦储备委员会所在地

家经济各方面的信息也都能汇集到华盛顿。今天的央行依然如此。当美联储制定货币政策时，它会考虑整个国家所有联邦储备银行的意见，再在国家层面上制定相关政策。

美联储成立于 1913 年，并在一段时期内运作良好。20 世纪 20 年代，即“咆哮的 20 年代”，是美国历史上极度繁荣的一段时期。当时美国经济在世界上占绝对统治地位，因为大多数欧洲国家还没有从“一战”中恢复过来。当时还出现了许多新发明，人们开始围坐在无线电收音机旁，汽车也变得更加普及。新的耐用消费品大量出现，而与此同时美国在 20 年代的经济增长也比较强劲。这给了美联储积累经验和建立相关流程体系的时间。

美联储的第一次大挑战

1929年“大萧条”发生，这是美联储面临的第一次重大挑战。美国股市在10月29日崩溃，但此次危机并不局限于美国，它是全球性的，欧洲及世界其他地区的大型金融机构也纷纷倒闭。后果最严重的一次金融机构倒闭事件，可能是1931年奥地利一家大型银行安斯塔特信用社的倒闭，这又导致许多其他欧洲银行纷纷倒闭。经济急剧收缩，“大萧条”持续了相当长的一段时间，从1929年开始，直到1941年珍珠港被偷袭后美国卷入战争为止。

理解“大萧条”有多么严重是非常重要的。图1–3描述的是美国股市，图左侧的一条垂线表示1929年10月股票价格的一次

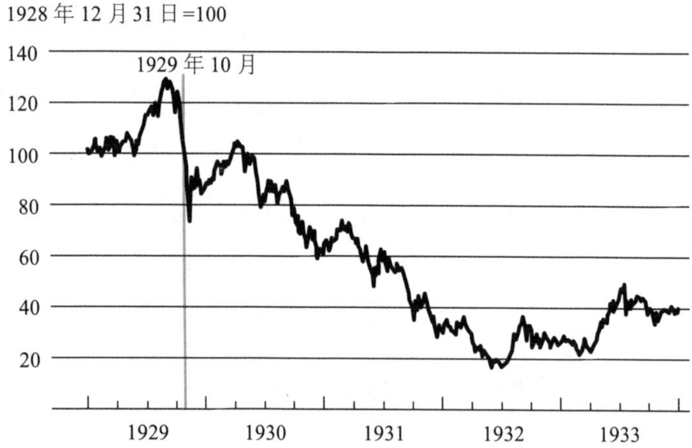

图1–3　1929~1933年间标准普尔综合股票价格指数

资料来源：证券价格研究中心，标准普尔500指数索引文件

急剧下跌。这就是约翰 · 肯尼思 · 加尔布雷思以及众多作家笔下著名的大崩盘，他们曾用生动的故事描绘了在大崩盘情况下，许多股票经纪人是如何承受不住刺激而跳楼自杀的。但是通过这张图，我想传达的是，1929 年的大崩盘只是一个开始，之后股价还经历了更为严重的下跌。我们可以看到，股价指数持续下行，到 1932 年中期，该指数较 1929 年的峰值已经下跌了 85%。因此，这种情况远比短期的股市下跌要糟糕得多。

实体经济，即非金融经济，在这次“大萧条”中同样受到了很大冲击。图 1–4a 反映的是实际 GDP 的增长情况。如果柱形在零线以上，表示实际 GDP 处于增长期。如果柱形在零线以下，则表示其处于衰退期。1929 年，经济增长率超过了 5%，并且一直处

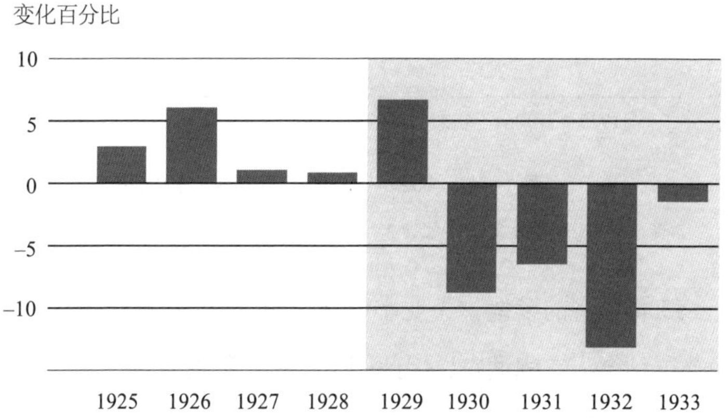

注：阴影部分代表“大萧条”的年份。

图 1–4a　1925~1934 年间实际 GDP

资料来源：《美国历史统计数据》，千禧年版（纽约：剑桥大学出版社 2006 年版），表 Ca9

于持续增长状态。但是1930~1933年间，经济每年都呈大幅萎缩态势。因此这是GDP的一次大幅下降，这期间美国GDP下滑了近1/3。与此同时，美国经济还经历着通货紧缩（物价下跌）。正如图1–4b所示，1931~1932年间，物价下跌了将近10%。如果你是个曾在19世纪晚期经历过经济衰退的农民，试想一下1932年在你身上将发生什么。农作物价格下跌了一半甚至更多，而你仍然要为你的抵押贷款向银行偿还同样多的钱。

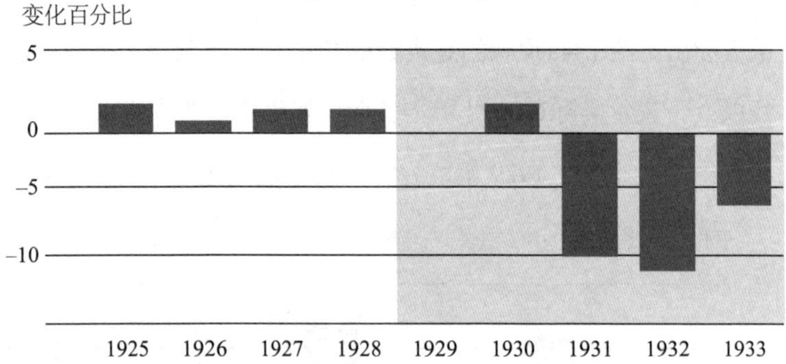

图1–4b　1925~1934年间消费者价格指数

资料来源：《美国历史统计数据》，千禧年版，表Cc1

随着经济的萎缩，失业率飙升。20世纪30年代还没有实行如今这种个人家庭调查，因此图1–5中的数据只是估计值，并不精确。但是我们至少可以得出，在30年代早期，失业率的峰值接近25%。图中的阴影部分表示的就是这段衰退期。即使是在30年代末，在世界大战改变这一切之前，失业率仍停留在13%左右。

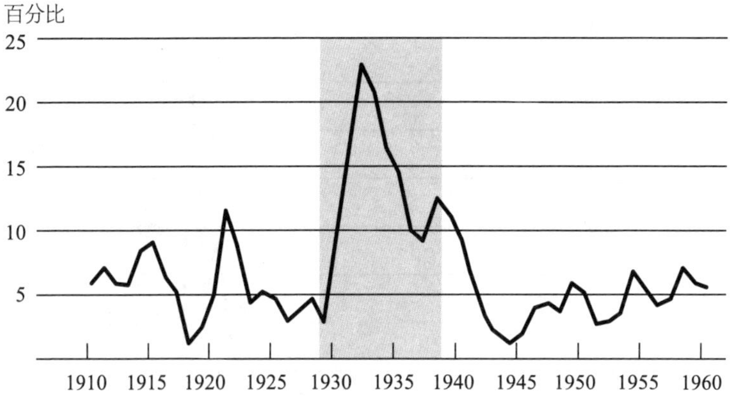

注：阴影部分代表“大萧条”的年份。

图 1–5 1910~1960 年间失业率

资料来源：《美国历史统计数据》，千禧年版，表 Ba475

正如你料想的那样，在经济一团糟的情况下，大量储户到银行挤兑，许多银行因而倒闭。图 1–6 显示的是每年银行倒闭的数量，我们可以看到在 20 世纪 30 年代早期，银行倒闭的数量出现了一个明显的峰值。

是什么导致了这场重大的灾难呢？在这里，我要重申一下，它不仅是美国的灾难，更是全世界的灾难。德国的萧条比美国更严重，而那次萧条或多或少直接导致了希特勒在 1933 年的当选。到底发生了什么？到底是什么导致了“大萧条”？可以想见，这是一个非常重要的课题，也引起了许多经济史学家的关注。正如许多大事件一样，“大萧条”背后也有很多不同的原因，包括“一战”所带来的影响，国际金本位制的问题（虽然国际金本位制在

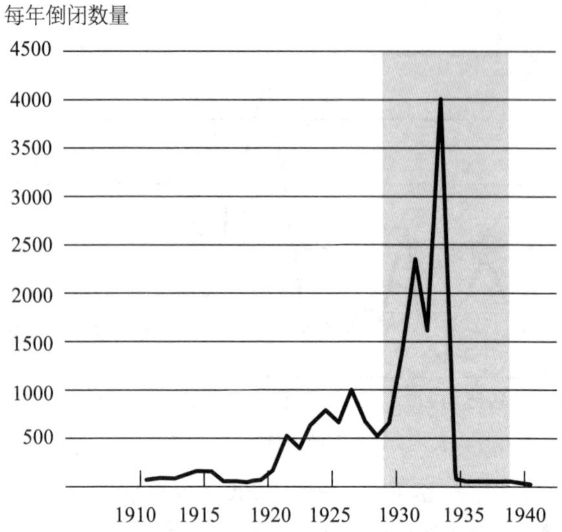

图 1–6　1910~1940 年间银行倒闭数量

资料来源：美国联邦储备委员会，《银行和货币统计》，1914~1941 年，表 66

“一战”后重建，但仍有许多问题），20 年代晚期著名的股市泡沫，以及在全世界弥漫的金融恐慌等。是一系列的因素导致了“大萧条”的产生。一部分原因是认知层面的，即是理论认知的问题而非政策本身的问题。在 20 世纪 30 年代，清算主义理论这种思考经济运行的方式一度收获众多拥趸。这种理论认为美国经济在 20 年代过度繁荣：经济扩张过快，增长过多，信贷过度膨胀，股价过高。因此，经济需要经历一段通货紧缩的时期，使过去过度发展的部分被挤出去。该理论认为“大萧条”虽然是不幸的，但却是必要的。我们需要把 20 年代所积压的过度发展的那部分挤出去。美国总统赫伯特 · 胡佛的财政部长安德鲁 · 梅隆说过一句著名的话："清算劳动力市场，清算股市，清算农场主，清算房地产市场。"这听起来很无情，但是他试图传达给我们的想法是，我们需要摆脱20年代的过度发展，使美国经济重新回到一个合理的健康状态中去。

美联储在这个时期做了什么呢？不幸的是，当首次面临此类重大挑战时，美联储无论是在货币政策还是在金融稳定方面都表现得不尽如人意。在货币政策方面，美联储没有如我们所期盼的那样在这个严重萧条的时期放松货币政策。它不这样做的原因有很多，包括它想防止股票市场投机，想维持国际金本位制，同时它还信奉清算主义理论。美联储并没有发挥货币政策的应有作用，来抵御经济下滑。因此，我们看到了物价的暴跌。对于产出和就业水平下滑，你可能会说这不一定是货币政策导致的，但是当你看到物价下降了10%的时候，你就应该知道货币政策确实过于紧缩了。通货紧缩是整个问题中很重要的一部分，因为它使得农民和其他一些通过出售产品来偿还固定债务的人破产了。更糟糕的是，正如我之前提到的，如果实行的是金本位制，那么汇率就是固定的，美国过度紧缩的货币政策必然会影响到其他国家，从而导致经济的崩溃。而美联储保持货币紧缩的另一个原因是，它担心会发生对美元的投机性攻击。要知道英国在1931年就曾经历过类似的事情。美联储担心美元也会受到此类冲击，从而使美国脱离金本位制。因此，为了维持金本位制，美联储提高了利率（而不是降低），它认为保持高利率有利于吸引外商来美投资，同时防止资本外流。但对挽救美国实体经济而言，这是错误的做法。1933 年，富兰克林 · 罗斯福总统废除了金本位制，货币政策突然变得不再那么紧缩，经济在 1933~1934 年间出现了强有力的复苏。

美联储的另一项职能是充当最后贷款人，然而它也没有履行这一使命。美联储对当时的银行挤兑现象反应不足，致使许多银行相继倒闭，银行体系遭到严重破坏。最终，银行倒闭现象遍及全美，20 世纪 30 年代有近万家银行相继倒闭。直到 1934 年存款保险制度建立，银行的持续倒闭现象才得以终止。现在来回想一下，为什么美联储当时没有很积极地承担起最后贷款人职能呢？为什么它不借钱给这些面临倒闭的银行呢？在某些情况下，银行确实资不抵债，也确实没有什么办法可以救助它们。比如银行发放了许多农业领域的贷款，然而农业部门发生危机，导致许多贷款无法收回。但在一定程度上，美联储的不积极作为，部分是因为它比较认同清算主义理论。该理论认为当时全美银行数量过多，银行信贷过度，只有让银行体系收缩才有利于经济健康发展。但很不幸的是，这并不是正确的处理方式。

1933 年，富兰克林 · 罗斯福上台执政，肩负起应对“大萧条”的重任。他很快付诸行动，采取了一系列措施，但部分措施并不成功。例如，为战胜通货紧缩而颁布的《国家工业复兴法》，要求企业将产品价格维持在高位。但在货币供给没有扩大的前提下，这不会产生任何作用。尽管罗斯福采取的许多措施并没有奏效，但在我看来，他有两项工作确实有效解决了那些由美联储造成的问题。第一项就是于 1934 年建立了联邦存款保险公司。从那以后，即便银行倒闭，普通储户仍然可以拿回自己的钱，这样他们就没有动机再去银行挤兑了。事实上，存款保险制度建立后，每年的银行倒闭数量由数以千计逐渐减少为零。这的确是一项相当有效的政策。罗斯福做的另一件事就是废除了金本位制。废除金本位制后，他允许放松货币政策，扩张货币供给，这就结束了通货紧缩，使经济在 1933~1934 年间经历了一个短期的有力反弹。罗斯福做的上述两件事最成功，因为这从根本上解决了美联储因未尽责而造成的，或者至少是加重的问题。

综上所述，我们能得出哪些关于美联储政策方面的教训呢？那是一次由多重因素导致的全球性的大萧条，因此理解整个事件需要我们考虑整个国际体系。美国及其他国家所犯的政策性错误，是“大萧条”产生或深化的关键性要素。特别是美联储，在应对首次挑战时，没能履行好其两方面的职能。它没能积极运用货币政策来防止通货紧缩和经济衰退，因此没能履行好维持经济稳定的职能。同样，它也没有很好地行使最后贷款人职能，导致许多银行倒闭并引发信贷及货币供给的萎缩。这些都是很重要的教训。当我们考虑美联储是如何应对 2008~2009 年的金融危机时，我们要牢牢记住这些曾经的教训。

对　话

学生：您提到1928~1929年间的紧缩货币政策是用来防止股票市场投机的。您是否认为美联储应该采取其他措施，比如提高保证金要求，来防止市场投机，还是说它采取任何措施来应对泡沫都是错误的？

伯南克：这是一个非常好的问题。有证据表明，当时美国股市溢价过高，美联储对此非常担忧。它只想着通过提高利率来应对，而没有考虑到会对经济产生多大的影响。于是美联储通过提高利率来抑制股市狂热，当然它的确做到了！但是提高利率同样对经济产生了很多副作用。我们当然知道资产价格泡沫十分危险，也想尽可能地化解这些泡沫。但若要通过金融监管途径来解决，那就应该采用更具针对性的解决办法，而不仅仅是提高利率水平这种带有普遍杀伤力的方法。调整保证金要求的方法就好得多，因为至少还可以根据业务的不同制定不同的标准。回想20世纪20年代，经纪商从事着很多高风险交易，就像短线投资者一样。当时小道消息满天飞，监管机构对交易也没有核查和制约机制，没有规定合格投资者，也没有保证金要求等。因此，我认为美联储若要应对当时的股市投机，应首先从银行贷款、金融监管和交易所运行这几个方面着手。

学生：我对金本位制有个疑问。鉴于我们就货币政策和现代经济的所知，现在为什么还会有回归金本位制这样的论调？回归金本位制还有可能吗？

伯南克：这个论调包含两部分内容：一是为了保持“美元的价值”，也就是说，保持长期的价格稳定。该论调认为纸币本身是带有通货膨胀倾向的，但只要金本位制存在，就不会有通胀了。长期来看，我刚才所说的观点在某种程度上确实是对的。但是逐年来看，这一观点就不正确了，因此在这一点上着眼于历史是很有帮助的。我认为倡导回归金本位制的另一个原因是它取缔了央行的自由裁量权，它不允许央行运用货币政策去应对繁荣或者萧条，同时金本位制的倡导者认为最好不要把这项灵活处理权赋予中央银行。

不过，我认为无论从实践还是从政策角度来看，金本位制都不可行。在实践方面，一个很简单的事实就是，黄金总量不足以支持整个国际金本位体系，而要获得足量黄金，代价也是很高昂的。金本位制在实践上不可行更根本的原因是，世界环境已经发生了改变。当年的英格兰银行尽管黄金储备很少，但依然能维持金本位制，是因为每个人都知道英格兰银行的第一、第二、第三、第四位的重要目标都是保持金本位制，它对任何其他政策目标都不感兴趣。但是一旦有人担忧英格兰银行不能完全履行承诺，就会发生投机性攻击致使其脱离金本位制。如今，经济史学家们认为，工人运动在“一战”后更加强大，使得政府对失业开始有了更多的担忧。19世纪之前，人们甚至都不会去衡量失业率，但是“一战”后，人们开始更多地关注失业和经济周期。因此在如今的世界，承诺保持金本位制就意味着，无论在何种情况下，无论失业情况变得多糟糕，央行都不会采取任何货币政策进行干预。如果投资者对于央行履行承诺存有一丝怀疑，那他们就有动力拿现金换回黄金。这就是一个自我实现的预言。金融危机期间，我们已经见识了这个问题的存在，各种固定汇率制在此期间都受到了冲击。我理解这种想回归金本位制的冲动，但是回顾历史你会发现，金本位制运行得并不是很好，在“一战”后尤其糟糕。实际上，有证据表明，金本位制是导致“大萧条”

如此严重、持续时间如此之长的主要原因之一。另外一个惊人的事实是，那些较早脱离金本位制并采取灵活性货币政策的国家，要比那些到最后仍在坚持金本位制的国家恢复得更快一些。

学生：您提到罗斯福总统通过实施存款保险制度来帮助结束银行挤兑，通过放弃金本位制来结束通货紧缩。我认为在 1936、1937 年，直到 1941 年，美国经济经历了二次衰退并且该衰退还持续了一段时间。正如您所说，今天我们已经在一定程度上摆脱了衰退。您认为我们应该注意哪些问题，应该注意哪些曾在“大萧条”期间犯过，而如今应当予以规避的错误？

伯南克：是的，有一个未被普遍认可的说法是，“大萧条”期间其实有两次经济衰退。1929~1933 年间有一次严重的萧条；1933~1937 年间，经济获得了相当程度的增长，股票市场也有所恢复；而在 1937~1938 年间，实际上还有一个二次经济衰退，虽然没有第一次那样严重，但是也很值得重视。人们对这一点有很多争议，不过有一个观点很早就有人提出来了，即二次经济衰退是由过早收紧的货币和财政政策所致。在 1937 年和 1938 年，罗斯福在重压之下减少预算赤字，紧缩财政政策。由于担心通货膨胀，美联储收紧了货币政策。当然，政策的时机选择并不单单出于这个原因，毕竟同时还发生了很多事情，但是早期有解读认为，是政策转向过早拖累了整个复苏进程。如果你接受这种传统的解释，那你需要仔细观察经济运行处于哪个环节，是否过快改变了那些有利于经济复苏的政策。

学生：基于我们如今看到的一些图表和一些其他历史趋势，看起来在一次经济衰退后，经济的复苏通常需要5年甚至更长时间，正如“大萧条”和20世纪70年代的石油危机所呈现的那样。您认为在经济萧条发生5年后，失业率仍保持在很高的水平这一现象正常吗？那种批评是否为时过早？在短视的政治氛围中，您将如何处理这些担忧？

伯南克：“大萧条”是一次非同寻常的事件。19世纪也曾经历过多次严重的经济下滑，但是没有一次像“大萧条”那样严重。从1929年一直持续到“二战”的高失业率是不正常的，因此我们不能下结论认为这是种常态。现在，有研究结果表明，发生金融危机之后，经济复苏可能需要花费更长的时间，因为恢复金融体系的健康也需要一个过程。有人认为这可能是最近这轮经济复苏进展缓慢的一个原因。但我认为这还没有定论，上述这项研究仍在讨论之中。所以，事实并不总像你刚刚所说的那样。如果你看一下战后美国经历的经济衰退，你会发现其实复苏来得非常快，往往只需要两三年时间——每次衰退后经常会伴随一轮更快的复苏。与之前战后经济衰退不同，这次经济危机是由全球金融危机引发的，这也许就是此轮经济复苏需要更长时间的原因。再次声明一下，该论断目前还没有定论。

学生：您已经说过“大萧条”是全球性的萧条，那为什么没有更多的全球性合作，为什么各国央行没有采取合作，形成一个统一的修复方式，而是仍然各自为政呢？

伯南克：美联储和多国央行已经采取了合作，而且合作仍将持续。“大萧条”的问题之一是“一战”遗留下来的不良情绪。19 世纪，各国央行曾有过一定程度上的合作。但在 20 世纪 20 年代，德国正面临不得不支付战争赔款的处境，法国、英格兰和美国在关于战争债务的问题上一直有争执，因此当时的国际政治环境相当糟糕，从而阻碍了各国央行间的合作。同时，对于实施固定汇率制的国家来说，国家间的央行合作更为重要。20世纪20年代，各国因为金本位制形成了固定汇率体系，这就意味着一国货币政策将影响到其他国家。这是个关于央行非常有必要进行国际合作的很好的例子，但这种合作并没有出现。今天汇率制度是灵活的，汇率是可以调整的，这可使其他国家免受一国货币政策的影响，从而在某种程度上减少了央行国际合作的需求，但我仍然认为这种合作是非常必要的。

*英文版中，美联储成立时间为1914年，但其实际成立于1913年，中文版已统一更正。——编者注

THE FEDERAL RESERVE AND THE FINANCIAL CRISIS

第二讲

“二战”后的美联储

从历史的视角分析本次金融危机和正在复苏的经济局势，可以有助于大家的理解。在我们接下来的讲座中，我希望大家始终把注意力集中在中央银行的两大基本职能上。一是保持宏观经济稳定，即维持经济的平稳增长和低通胀。而保持宏观经济稳定的主要工具是货币政策。在正常年份里，美联储和其他央行利用公开市场操作——在市场上买卖有价证券等——来调节利率，从而创建一个更加稳定的宏观经济环境。

央行的第二大职能是维持金融稳定。各大中央银行集中精力确保金融系统运转正常，尽一切可能防止出现金融危机或金融恐慌，即便无法阻止，也尽力减轻其带来的影响。上一讲中谈到最后贷款人这一概念，是说在发生金融恐慌时，中央银行应遵循白芝浩原则，即央行应当在惩罚性利率的基础上，允许自由放贷给有优质抵押品的金融机构，同时通过向金融机构提供短期贷款来防止或减少恐慌以及对金融系统和整体经济的损害。

货币政策与通货膨胀

让我们再从历史的角度分析一下。以“二战”为节点，那时“大萧条”已经结束，失业率大幅下降，人们纷纷投身于制造弹药和保家卫国中。关于战争，经济学家的一个关注点是经费从何而来。通常情况下，战争经费很大程度上来源于借款。“二战”期间，美国通过发行大量国债来为战争埋单。美联储和美国财政部合作，利用自身管理利率的职能，使利率保持在低位，从而帮助美国政府以较低的成本来为“二战”筹资。这就是美联储在战争期间所扮演的角色。

战争结束后，债台高筑的美国政府为如何偿还这些高昂的国债利息而忧心忡忡。因此，即使战争已经结束，美联储仍面临着维持低利率的巨大压力。但弊端在于，如果一国利率长期维持在较低水平，甚至在经济增长和复苏时仍然如此，就可能会造成经济过热和通货膨胀。美联储始终高度关注本国的通胀前景，直至1951 年，经过长期复杂的谈判，美国财政部终于同意让美联储根据需要自行设定利率，实现经济稳定。双方于 1951 年签署了《美联储—财政部协议》，这一协议具有十分重大的意义，因为这是美国政府第一次明确承认，美联储应被允许独立运行。当今世界，各国已经形成普遍共识：央行独立运行会比由政府主导产生更好的效果。特别是，一个独立运行的央行可以不去理会短期的政治压力，例如为了选举而被迫刺激经济。这样一来，独立的央行就可以采取一些立足长远的举措并且能取得更好的效果。这方面的证据是相当充分的。所以，独立运行是世界各主要央行的典型特征，这意味着它们所做的决定不会受短期政治压力影响。

20 世纪五六十年代，美联储主要关心的是维持宏观经济稳定。因为当时经济保持增长，货币政策调控相对简单。和“一战”结束后一样，美国经济在“二战”后依然占据主导地位。人们担心可能会有新一轮经济大萧条，但这并没有成为现实。相反，各方面都出现大幅增长。美联储试图遵循所谓的“逆风向”货币政策，这意味着当经济快速（或过快）增长时，美联储采取紧缩的货币政策，试图抑制经济过热；而当经济增长缓慢时，美联储则要降低利率并采用扩张性的刺激手段以避免经济衰退。1951~1970 年间，时任美联储主席的威廉 · 麦克切斯尼 · 马丁就对通货膨胀风险相当关注。他曾说：“通货膨胀就像夜晚的盗贼一样。”他试图通过这种“逆风向”政策来控制通胀，保持稳定增长。再加上朝鲜战争和经济的数次滑坡，20 世纪 50 年代也许比你想象中还要动荡。虽然如此，“二战”结束后，经济运行回归民用化，这 10 年也算得上是硕果累累了。

然而，事情不可能一直一帆风顺。出于我稍后将谈论到的种种原因，从 20 世纪 60 年代中期开始，货币政策变得过于宽松。在美联储坚持其政策立场一段时间以后，这种宽松的货币政策最终导致了通货膨胀和预期通货膨胀的激增。图 2–1 显示的是通货膨胀情况。从图中可以看出，1960~1964 年间，年平均通货膨胀率只略高于 1%。而在 1965~1969 年间，即越南战争时期，通货膨胀的势头开始显现。在 20 世纪 70 年代初期，通货膨胀率变得更高。到了 20 世纪 70 年代末期，以消费者价格指数衡量的通货膨胀率攀升到约 13%。20 世纪 60 年代中期至 70 年代，通货膨胀日趋严重。

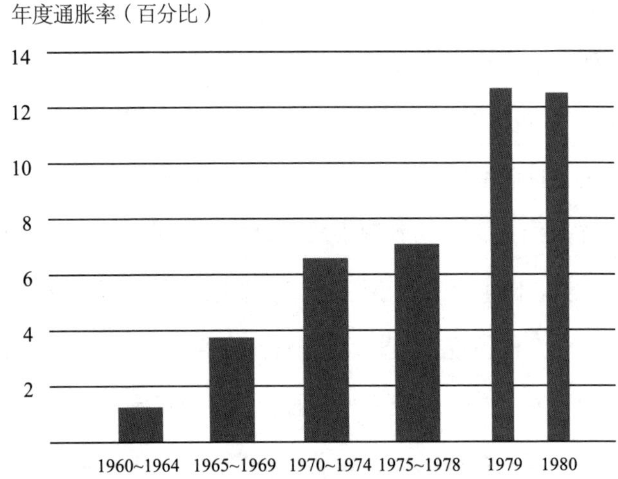

注：百分比变化的计算是基于不同时期的期末数。

图 2–1　1960~1964 年直至 1980 年间通货膨胀率（按消费者价格指数计算）

资料来源：美国劳工统计局

为什么20世纪70年代的货币政策会宽松到让通货膨胀成为问题呢？比较专业的解释是：货币政策制定者变得过于乐观，认为经济过热并不会导致通货膨胀。一般来说，失业率维持在3%或4%的低水平。然而通过保持稍高的通货膨胀率，就业水平会更高。所以，在经济繁荣的20世纪50年代和60年代初期，美联储开始遵循这一做法。这个问题实际上是相当微妙的，当时的经济理论和实践指出，通货膨胀与就业水平之间存在一个固定的制衡关系，这意味着，如果我们可以让通货膨胀率略高于正常水平，就可以保持长时间的就业增加和失业减少。这种观点当时被许多经济学家所接受。

著名的货币经济学家米尔顿·弗里德曼早在20世纪60年代中期就曾预言，这种政策会引起麻烦。他认为，提高通货膨胀率可能会降低失业率，但只是暂时会起到效果。提高通货膨胀率就好比吃糖：你吃了一块糖，在短期内它能给你充沛的能量，但过了一段时间，它只会让你发胖。事实证明，弗里德曼很有先见之明，试图通过货币政策来维持过低的失业率，最终会引发通货膨胀。

时至今日，关于那个时期美联储是不是迫于政治压力而一直保持过于宽松的货币政策，仍然存在争论。毕竟，这又是一个出现政府赤字的时期，因为当时政府必须为越南战争和"伟大社会"计划筹资。这都可能影响到美联储的行为。

如果没有过于宽松的货币政策，也就不会出现持续的通货膨胀。这里我们援引米尔顿·弗里德曼的另一个著名论述："通货膨胀无论在何时何地都是一个货币现象。"不过，一些因素加剧了问题的恶化，也使得美联储抵御通胀的行动变得更加困难。首先，石油和食品的价格受到了一系列的冲击。一个非常明显的例子发生在 1973 年。当年 10 月，赎罪日战争在中东爆发，为报复美国支持以色列，石油输出国组织利用其垄断权力禁止石油出口。在 20 世纪 70 年代初期很短的一段时间内，石油的价格几乎翻了两番，导致汽油价格飙升。人们蜂拥至加油站排队加油。当时采用了一个"奇偶定量供给系统"。如果你的车牌尾号是偶数，你只能在周二和周四去加油；如果是奇数，你只能在周一和周三去。当时的问题非常严重，民众对高油价怨声载道（和今天的情况非常类似）。

20 世纪 60 年代后期和 70 年代初期，美国的财政政策总体上过于宽松。越南战争和其他政府计划增加了政府支出和赤字，使得美国经济雪上加霜。

我要讲的另一个问题是工资—物价管制政策。在 20 世纪 70 年代初期，当通货膨胀率上升到约 5%时，理查德·尼克松总统引入了工资—物价管制政策，通过颁布一系列的法律，禁止企业提高它们的产品价格。这其中也有例外，有很多公司都在试图打破这一限制。这个政策基本上是失败的。众所周知，价格是经济的温控器，是经济赖以运行的机制。所以，管制工资和物价意味着整个经济体系存在短缺及其他各种问题。除此之外，正如弗里德曼所说，这项政策就像通过破坏温控器来调节一个过热的炉子。事实上，最根本的问题是需求总量太大推高了价格，简单地通过一项法律来禁止涨价并没有解决货币政策过度宽松和需求过大的根本问题。所以，工资—物价管制政策使通货膨胀率被人为压低了好几年，致使美联储更难发现问题。而因为这一政策已经带来太多的经济相关问题，当工资—物价管制政策在一片混乱中彻底崩溃时，就像一个弹簧突然被释放，通货膨胀率飙升。可见，通货膨胀高企是由多种因素造成的。

20 世纪 70 年代担任美联储主席的阿瑟 · 伯恩斯指出："在一个快速发展的世界里，犯错误的概率是很高的。"这话千真万确。我们可以这样理解这句话："二战"和"大萧条"结束后，随着经济的繁荣，经济学家和政策制定者对于保持经济平稳发展有些过于自信了。他们使用"微调"一词来解释美联储和财政政策以及其他政策，希望这些政策能或多或少保持经济平稳发展而不必担心经济波动。这显然是过于乐观、过于自信了，就像我们从 20 世纪 70 年代了解到的那样，政策制定者的努力并没有达到最初的目标，即降低失业率，却使通胀率大幅提高。所以这里要说明的就是要保持谦虚，这可能适用于任何复杂的工作。

在通货膨胀愈演愈烈的 20 世纪 70 年代，当时颇负盛誉的美联储主席保罗 · 沃尔克，是一个在经济政策领域具有划时代影响的人物。当时美国萎靡的经济形势甚至严重影响到了吉米 · 卡特总统的连任。卡特总统钦点沃尔克担任新的美联储主席。总统这么做，部分是因为沃尔克是一个铁腕式的中央银行家，可以让当时的通胀得到控制。沃尔克身高逾两米，经常抽大雪茄，给人的印象是非常强势的。沃尔克任职仅几个月后就决定，只有强有力的措施才能解决美国当时的通胀问题。1979 年 10 月，他和联邦公开市场委员会，也就是美联储的决策委员会，制定了一系列意在打破既有货币政策的措施，主要内容是允许美联储大幅提高利率。通过提高利率来收缩经济，从而降低通货膨胀压力。沃尔克说："打破通胀周期，我们必须依赖行之有效的货币政策。"如他所愿，在采取了这一系列措施几年之后，通货膨胀率急剧下滑。在图 2–2 中，你可以看到 1980~1983 年间，通胀率从 12%~13% 一路下降到 3%——通胀率相对快速的下降有效对冲了 20 世纪 70 年代末期由高通胀带来的问题。通货膨胀得到有效的控制，有力地说明了 20 世纪 80 年代的政策是相当成功的。然而，天下没有免费的午餐，这些政策的影响还包括，对于消费者和企业来说，利率大幅提高了。那时我刚刚博士毕业，记得大约是在 1981 年还是 1982 年，我想买一套房子，却被告知 30 年期住房抵押贷款的利率是 18.5%。正如人们所预料的，当时的利率如此之高，对冷却经济和有效减缓通胀压力的作用是显而易见的。

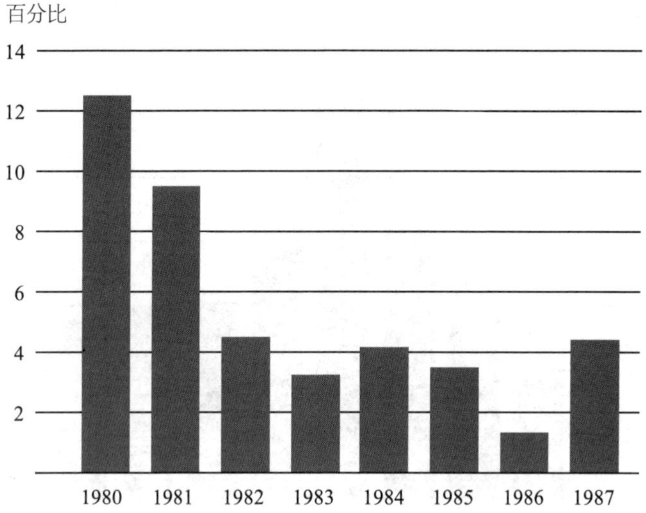

注：百分比变化的计算是基于不同时期的期末数。

图 2–2　1980~1987 年间通货膨胀率（根据消费者价格指数计算）

资料来源：美国劳工统计局

你可以从图 2–3 中看到这个时期的失业率。较高的利率可以有效地降低通胀率，但同时也导致了非常严重的萧条。1982 年将近 11%的失业率比最近一次经济萧条的情况更加令人触目惊心。所以，我们不得不说，沃尔克的政策有非常严重的副作用。

美联储和沃尔克主席承受的政治压力可想而知。在此期间，寄给美联储的各种信件中经常含有一些抱怨之词，内容有"停止破坏建设"或"拯救农民"等，这都是因为高利率对美国经济产生了非常负面的影响。我在自己的书桌上保存了一些这样的信件，以时刻提醒自己，担心通货膨胀的同时我们必须注意稳定价格。

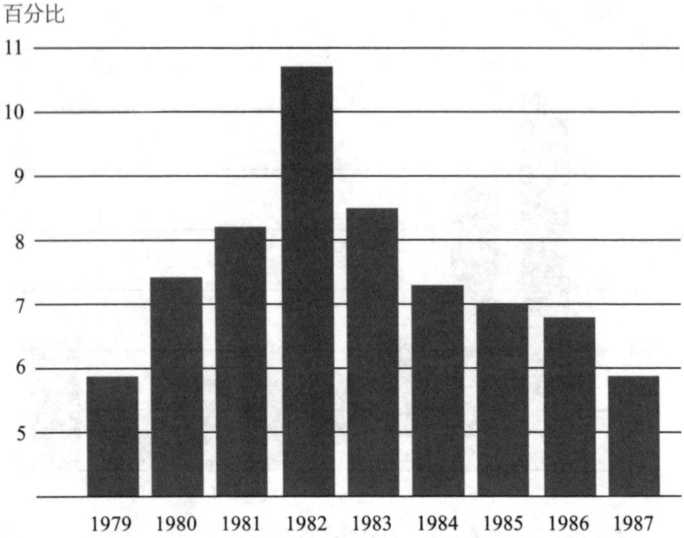

注：数据为第四季度值。

图 2–3　1979~1987 年间失业率

资料来源：美国劳工统计局

但这也说明了央行为什么要保持独立性。如果沃尔克想要连任，也许就不会再坚持他的政策。相反，他保持了货币政策的独立性。至少得到了罗纳德 · 里根总统和国会的大力支持，他的政策才能贯彻并取得成效。

20 世纪 70 年代，产出和通货膨胀波动都很大，空气中充满了通胀的味道。在石油输出国组织限制石油出口之后的 1973~1975 年间，出现了一次大幅度的经济衰退。在沃尔克减缓通胀、导致经济衰退后的 20 世纪 80 年代早期，更多的波动不断涌现。

经济"大缓和"时期

沃尔克于1987年离任，艾伦·格林斯潘继任美联储主席。从1987年到2006年，他在这个位置上一共干了将近19年。格林斯潘的重要成就之一是他在大部分任期内保持了美国整体的经济稳定。如他所说："对美国而言，一个更为稳定的经济大环境已经成为生活水平显著提高的关键。"相对于20世纪70年代的"大滞胀"或30年代的"大萧条"，经济稳定状况已经有了很大的改善，这个时期被称为"大缓和"。这是一个非常真实和引人注目的时期。图2–4显示了实际GDP增长率自1950年以来的变化。图中的曲

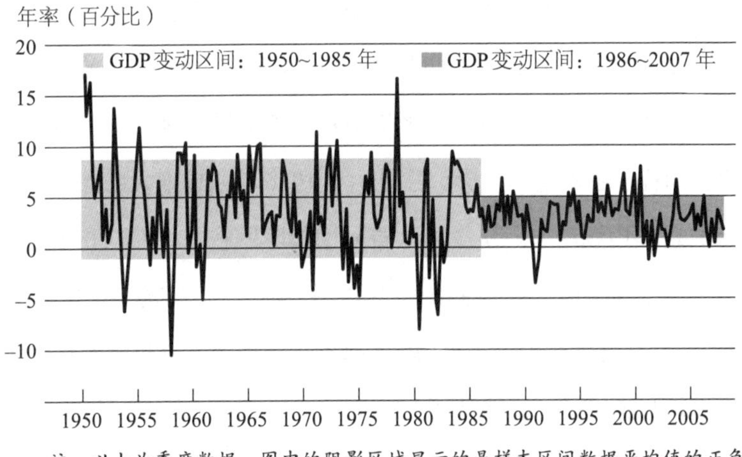

注：以上为季度数据。图中的阴影区域显示的是样本区间数据平均值的正负一个标准差，这是测量数据变动的常用方法。

图2–4 1950~2010年间实际GDP增长率

资料来源：美国经济分析局

线为GDP的季度增长率。线的上扬表示GDP增长率上升，下降则表明GDP增长率下降。从中可以看到变动趋势：快速增长期之后是一段缓慢增长期。图的左边阴影部分是一个标准差。从本质上讲，它用来测量1950~1985年间每个季度GDP的平均增长波动率。你可以看到，在这一时期GDP增长率变动很大。经济发展具有很强的波动性，很多时候经济甚至是衰退的，其中最为严重的情况发生在1973年和1981年。现在，我们来看看1986~2007年间GDP波动发生了什么变化。季度间的波动很小，右边的阴影带为这一时期GDP增长率的一个标准差。很明显，在这近20年的时间里，经济一直保持稳定的态势。

不仅实际GDP在此期间增长稳定，通货膨胀也保持稳定水平，如图2–5所示。位于图中间的垂线将时间分成1986年之前和之后两段。图中显示了根据消费者价格指数来衡量的每一季度的通胀率。同样，图左边的阴影部分显示了1986年以前通货膨胀的一个标准差平均波动率。从中可以看到通货膨胀在20世纪70年代经历了一个高峰期。然而在1986年以后，你看到波动变小了。所以非常明显，经济增长和通货膨胀都更趋于稳定，这也被经济学家频繁地讨论过了。这就是“大缓和”。

为什么20世纪80年代中期到2006年间，经济变得更加稳定了？人们对这个问题已经做过大量的研究，相当多的证据表明，货币政策在其中发挥了作用。特别是，沃尔克在20世纪80年代

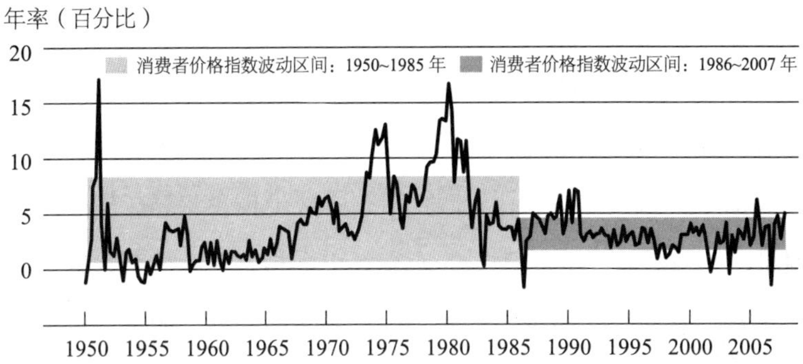

注：以上为季度数据。图中的阴影区域显示的是样本区间数据平均值的正负一个标准差。

图 2–5　1950~2010 年间通货膨胀率（根据消费者价格指数计算）

资料来源：美国劳工统计局

早期降低通货膨胀的努力，虽然导致了严重的经济衰退和大量的短期阵痛，但至少带来了一个回报，那就是经济更加稳定，包括稳定的低通胀率、更加稳定的货币政策以及企业主和家庭对政府更加信任——这对于建立更广泛的稳定性而言意义重大。弗里德曼说过，通货膨胀和失业之间不存在永远的此消彼长：想永远通过保持稍高水平的通货膨胀来降低失业率是不可能的。这是事实。但从另一个角度讲，长时间稳定的低通胀会使经济更加稳定，有利于保持健康的增长率和生产率，维持经济活动。所以低通胀是一件非常好的事情，在 20 世纪 80 年代通胀率降低的现象遍布全球。许多国家当时都有通货膨胀问题，但世界各地，甚至发展中国家都大幅降低了通货膨胀率，这对于 80 年代中期开始的经济增长和稳定起到了积极作用。

“大缓和”并不完全归因于货币政策，也有其他因素，其中之一便是经济结构的转型。比如，企业在发展过程中学会了如何更加有效地管理自己的库存。即时库存管理是指企业只在生产需要时补充库存，而不是让手头的库存大量堆积。手头没有大量的库存堆积，就减少了经济波动的一个重要来源。因为如果市场需求放缓了，而企业还有很多库存，那就必须在相当长的时间内停止生产，直至把库存消耗完。改善存货管理仅仅是一个例子（我可以举出更多例子），证明了业务实践和经济上其他因素的改进可以让经济更稳定。还有可能是运气变好了，比如石油价格冲击减小等也促进了此次“大缓和”。但如图 2–4 和图 2–5 所示，20 世纪 80 年代中期之后经济运行方式出现了相当惊人的变化。

“大缓和”的另一方面是当时美国没有爆发任何规模较大、破坏性强的金融危机。1987 年股票市场曾出现过崩溃，但它并没有造成太大的损失。一个更重大的事件是 20 世纪 90 年代后期互联网公司股票的繁荣与萧条，它触发了 2001 年一场温和的衰退。但人们从“大缓和”时期获得的不仅是经济的稳定，金融体系似乎也变得更稳定了。因此，金融稳定政策在这一时期显得不那么重要了。

金融危机的前奏

现在让我们来看看金融危机的前奏。最终导致此次危机的一个关键事件是房价的大幅上涨。图 2–6 表示的是单个家庭住宅存量价格（将 2000 年 1 月的价格指数设定为 100）。从 20 世纪 90 年代末到 2006 年初，全美房价上涨了约 130%。你可以看到这条线一路上升，显示了房价的急剧上涨。而我接下来要讲的是与这一过程同时或稍晚发生的新增住房抵押贷款标准的破坏。很明显，房地产泡沫或抬高房价很大程度上是由消费者心理造成的。毕竟，20 世纪 90 年代末人们对于推高科技股和股票市场持非常乐观的态度。毫无疑问，一些乐观情绪涌入了房地产市场。所以人们越

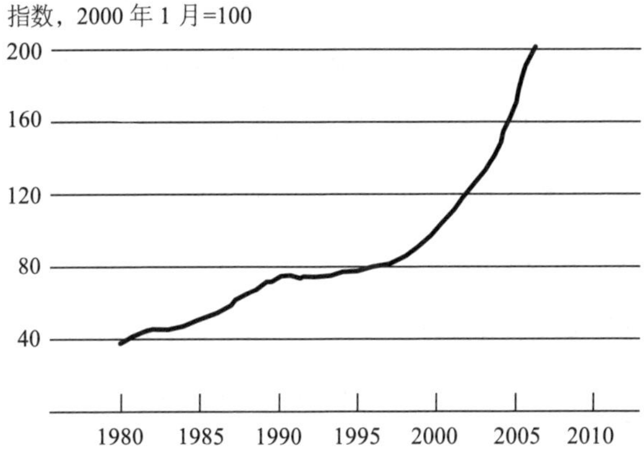

注：只包括购买交易。

图 2–6 1980~2005 年间单个家庭住房存量价格

资料来源：美国房地产数据分析公司 CoreLogic

来越感觉到，房价会持续上涨，房地产是一个“稳赚”的投资。我在加州住过一段时间，房价上涨时，几乎每个人在鸡尾酒会上谈论的都是“你的房子现在值多少钱”、“你在你的房子上花了多少钱”等，工作显得没那么重要，你只要关注上市的房地产企业就可以了。因此，当时人们对房价上涨能让每个人都发财这件事非常兴奋，很有热情。与此同时，新的抵押贷款承销标准变得越来越低，这反过来使越来越多的人进入房地产市场，从而进一步推高了价格。

我们再来谈谈抵押贷款质量。在21世纪初期之前，购房者通常被要求先交一笔首付，即房价的10%、15%或者20%。另外还要出具详细的财产证明（收入、资产等），以此来说服银行给他们贷款，贷款金额通常是他们年收入的4~5倍。不幸的是，随着房价的上涨，许多银行开始把款贷给资质较差的借款人，也被称为非优质抵押贷款[①]。这些抵押贷款通常需要很少甚至不需要首付和财产证明。从本质上讲，抵押贷款发放者正进一步降低信贷门槛，贷款给越来越多的低标准借款人，从很多方面都可以看出这一点。图2–7a显示了非优质抵押贷款发放的百分比，就是指在新的抵押贷款中低质量抵押贷款（次级、次优级或其他一些低质量抵

① 我说的是“非优质”而不是“次级”。就借款人的信誉而言，次级抵押贷款是质量最差的抵押贷款，但仍有其他贷款质量是低于优质抵押贷款的，也就是所谓的次优级和其他类型的抵押贷款。它们还没有达到传统的授信标准，所以我称为“非优质抵押贷款”。

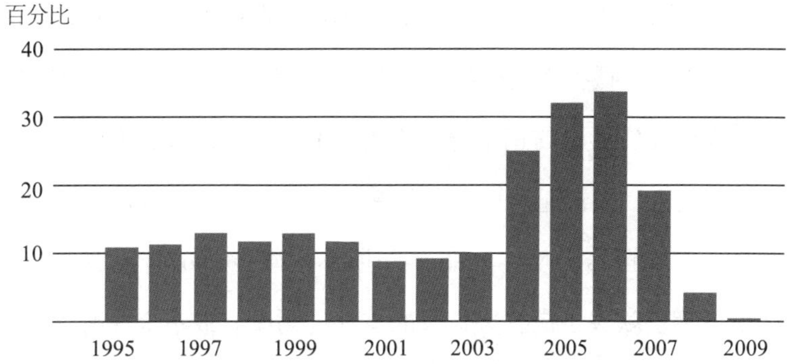

图 2–7a　1995~2009 年间非优质抵押贷款发放占全部贷款发放的比例

资料来源：基于美国房贷金融内参，由美联储估算

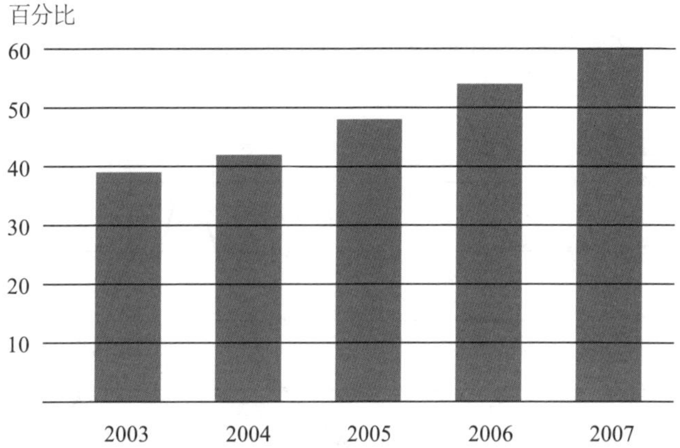

图 2–7b　2003~2007 年间持有少量或没有财产证明的非优质贷款比例

资料来源：引自克里斯托弗·迈尔、卡伦·彭斯和沙恩·薛伦的《抵押贷款违约率的上升》第 27~50 页中表 1、表 2、图 C（2009 年冬发表于《经济展望》杂志第 23 期）

押贷款）所占的比例。我们可以看到这一比例的急剧上升，尤其是在 21 世纪初期到 2006 年。大约 1/3 的贷款是非优质抵押贷款。

图 2–7b 以另一个指标，即较低或无财产证明的非优质抵押贷款的比例，揭示了抵押贷款质量的恶化。仔细想想，这是相当反常的。如果你想要贷款给信用不稳定的人、不能支付首付的人或信用积分较低的人，人们通常认为你会更加关心他们的收入和财务前景。但是，事实恰恰相反。如图 2–7b 所示，截至 2007 年，60% 的非优质抵押贷款关于借款人信誉的文件证明没有或不全，所以很明显抵押贷款质量在持续恶化。

这种情况不可能永远持续下去。图 2–8 显示了债务清偿率。随着房价的不断上涨，借款人月收入中花费在住房抵押贷款上的比例也在不断攀升。我们可以看到，偿还抵押贷款成为个人可支

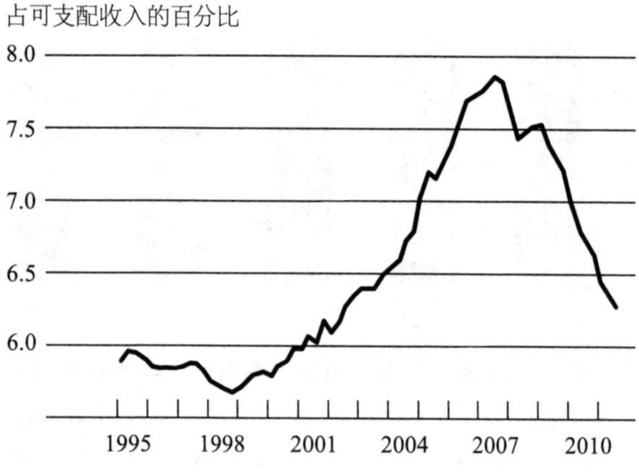

图 2–8　1995~2011 年间抵押贷款清偿率

资料来源：美国联邦储备委员会

配收入中一笔相当大的支出，最终导致购房成本过高，抑制了对新房子的需求。在这之后，债务清偿率下降，基本上是由利率下降所致。最重要的是，抵押贷款的高额支出最终导致不再有新的购房者出现，房地产泡沫因此破灭，房价下跌。图 2–9 显示了房价的变化，我们可以看到从 20 世纪 90 年代后期到 2006 年房价急剧上升。但从 2006 年至今，房价已下跌逾 30%。因此，当时全美房价都在急剧下跌。

针对图 2–9 反映的情况，有人这样评论：看到这个图时你可能会对自己说，"哦，天啊，我们还有很长的路要走"，因为现在的房价仍远高于 15 年前。但请记住，这些价格多是名义价格，并没有把通货膨胀计算在内。因此，即使每年只有 2%的通胀，在

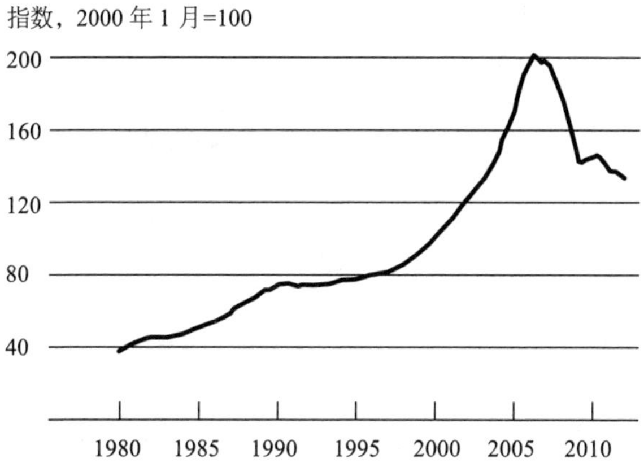

注：只包括购买交易。

图 2–9　1980~2010 年间单一家庭住房存量价格

资料来源：美国房地产数据分析公司 CoreLogic

15 年之内，物价也上涨了 30%或者 40%。所以如果考虑通货膨胀因素，你会发现，现在的房价已经很接近泡沫形成前的价格了。

房地产泡沫的破灭

房价崩盘造成了一系列严重的后果。其中之一就是，很多人因为他们的房子价格上涨、手上有很多股票而觉得自己非常富有，但突然发现房价和股票都缩水了，这意味着他们抵押贷款欠的钱已经大大超过了房屋的价值。情况颠倒过来了，借款人的房产实际上已经是负资产。从图 2–10 中可以看到，从 2007 年开始，房屋抵押贷款的数字呈现负资产的状况变得越来越明显。目前，美

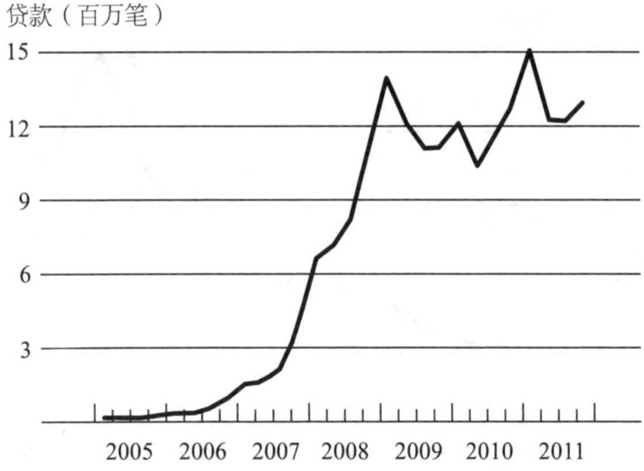

图 2–10　2005~2012 年间负资产抵押贷款量

资料来源：基于美国房地产数据分析公司CoreLogic和LPS应用分析公司数据，由美联储计算

国总计 5500 万笔左右的抵押贷款中，大约有 1200 万或 1300 万笔（占 20%~25%）的抵押贷款已经缩水。

同时，由于许多人的债务已经超出其还款能力范围，房价的下跌也会导致住房抵押贷款拖欠率显著上升，债务人未能按时还本付息，最终银行接管了他们的房产并转售给他人，也就是说债务人丧失了抵押品赎回权。图 2–11 反映了住房抵押贷款拖欠情况，从图中可以看到，2009 年的住房抵押贷款拖欠量超过了 500 万笔，几乎是住房抵押贷款总数的 10%，这是非常高的。

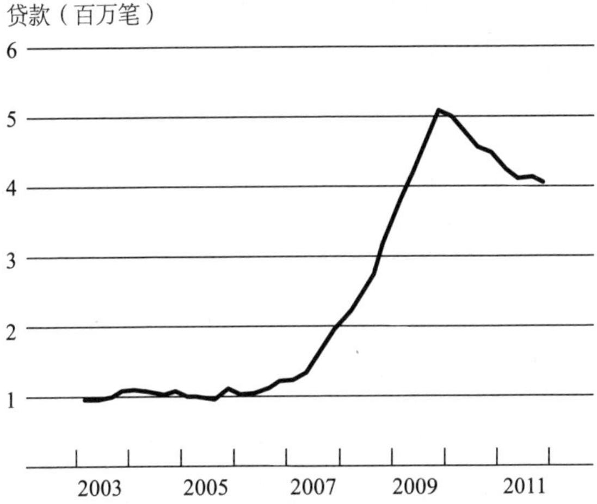

注：图中所绘为拖欠 90 天以上或者丧失抵押品赎回权的住房抵押贷款情况。

图 2–11　2003~2012 年间住房抵押贷款拖欠量

资料来源：美联储根据美国抵押贷款银行家协会对全美住房抵押贷款拖欠情况调查数据估算得出

以上是房价崩盘对债务人和业主造成的严重后果，除此之外，它还会对债权人造成影响。面对10%左右的住房抵押贷款违约率，银行及其他住房抵押贷款相关证券的持有者会遭受巨额损失，这在很大程度上引发了此次金融危机。这里有一个很有意思的问题：1999~2001年这三年，不仅互联网股和科技股股价飙升引发泡沫，许多其他股票的价格也都大幅上涨；这些资产价格在2000年和2001年急剧下降，导致账面价值严重缩水。事实上，其账面价值缩水量与本次房地产泡沫破裂导致的账面价值缩水量相差无几。然而，互联网公司破产只导致了一次较为温和的衰退。2001年的衰退从3月持续到11月，历时仅8个月。当时，失业率确实上升了，但严重程度不及20世纪80年代的衰退和最近的这次衰退。而且，尽管股票价格跌宕起伏，却并没有对金融体系和经济环境造成持续而严重的打击。而在最近一次金融危机中，房价经历了暴涨和暴跌，如果我们以2001年的情况为依据来推断，就会认为这可能会导致经济减速，但不至于很严重。2006年房价下跌时就有人提出这样的观点。但是，房价下跌对金融体系和经济的影响远远超过了股票价格下跌的影响。要想理解这一现象，关键是要区分金融危机的导火索和金融体系的漏洞。房价暴跌和住房抵押贷款受损点燃了导火索，但星星之火想要燎原还需“借东风”，而这借的“东风”就是经济和金融体系的漏洞。也就是说，正是因为金融体系的漏洞，才使得原本可能只是温和的衰退演变成了严重的危机。

对于美国和其他国家而言，究竟是哪些漏洞导致房价暴涨暴跌并演变成严重的经济危机的？这些漏洞既存在于私人部门，也存在于公共部门。首先来看私人部门。许多人借债过多，杠杆过度。他们这样做很有可能是因为经济"大缓和"时期的影响。在经历了20年的经济繁荣和金融稳定后，人们过于自信，愿意举借更多的债务，这样做的后果就是，在盈利空间不大、资产价值又缩水的时候，就会出现资不抵债的情况。

私人部门的第二个重要问题在于，近年来金融交易日益复杂化，但银行和其他金融机构监控、计量和管理风险的能力却没能跟上步伐。也就是说，投入到风险管理的信息技术和资源不足以帮助人们充分意识到风险的存在和严重程度。假设2006年你向银行询问房价下跌20%的影响，银行很有可能大大低估其对资产负债表的影响，因为它们没有能力准确完整地计量所面临的风险。

私人部门的第三个问题是金融机构一向都偏爱诸如商业票据之类的短期融资方式，这些融资方式短则1天，大多不到90天。因此，如同19世纪依赖存贷款的银行一样，如今金融机构也持有大量的短期流动负债，这些负债和19世纪的存款一样容易遭到挤兑。

私人部门的漏洞还存在于奇异金融工具、复杂衍生品等的使用上，例如美国国际集团金融产品公司使用的信用违约掉期。美国国际集团其实是用这些信用违约掉期来向复杂金融工具的持有者出售保险产品。基本上，美国国际集团会向投资者保证，如果这些担保债务凭证遭受损失，他们会予以补偿。只要经济金融体系运转良好，美国国际集团就只管收保费，稳赚不赔。但是，一旦经济形势变糟，这种孤注一掷的行为就意味着损失惨重、后果堪忧。以上是私人部门出现的问题。

公共部门同样也存在严重的问题。首先，金融监管机构与20世纪30年代“大萧条”时期相比基本没变化，未能与时俱进。其中一个方面就是，许多重要的金融机构并没有受到来自任何金融监管机构的全面而严格的监管。不妨以美国国际集团为例，它是一家保险公司，保险业监管机构主要监管其所售的保险产品，美国储蓄管理局主要监管其所属的小银行，而之前所述的信用违约掉期问题却出现了监管真空。另一类被疏忽的企业就是诸如雷曼兄弟、贝尔斯登和美林证券这样的投资银行，它们没有受到法律上的监督。尽管它们自发与证券交易委员会签署了监督协议，但仍然没有受到全面的监管。还有一类企业是政府支持型企业，例如房利美和房地美，尽管受到监管，但监管并不充分，原因我后面会说到。由于监管机制漏洞百出，一些在此次危机中被证明具备系统重要性的企业也没能受到很好的监管。甚至是在法律上有相关监管规定的，监管程度也未能达到应有的水平。

尽管对于所有的政府部门和机构来说都存在同样的问题，不过既然我是美联储的主席，我们还是来谈谈美联储。美联储在监管过程中也犯过错，举两个例子，一是在监管银行和银行持股公司时，对风险的计量做得不够。之前我提到，很多银行没有能力充分了解其所面临的风险。监管者本应该敦促银行培养这种能力，在银行不具备这种能力的情况下，应限制其进行风险投资。由于美联储和其他银行监管部门对此督促的程度不够，结果出现了严重的问题。二是在消费者保护上做得不够好。美联储应当向住房抵押贷款人提供一些保护，如果当初保护得当，那么至少可以减少一部分房地产泡沫后期的贷款违约。但是出于种种原因，我们未能将损失降到最低。2007 年，我担任美联储主席后确实采取了一些保护措施，但已经太迟了，没能够力挽狂澜。因此，权威和权力并不总是能得到有效的利用，这也导致了一些问题。

最后还有一点很微妙，就是我们的监管系统——某个机构，例如美联储、美国货币监理署或者储蓄管理局——通常只负责监管一种类型的企业，比如储蓄管理局只负责监管储蓄机构和类似机构。不幸的是，此次危机中出现的问题牵涉的范围很广泛，不仅仅是一家或者几家企业，而是整个系统出了问题。所以从本质上来看，我们缺少的是对整个系统而不仅是对某个企业的关注。没有哪个监管机构负责检查整个金融体系是否存在问题，以及不同的市场、企业之间的关联是否会给经济造成压力甚至危机。以上是公共部门的薄弱环节。

下面我以一个具有争议性的话题——货币政策的作用来结束本讲。很多人认为，在 2001 年的衰退之后，美联储在 21 世纪初保持低利率也是造成房地产泡沫的一个原因。2001年以来，在经济疲软、就业增长低迷、通胀率跌至谷底的情况下，美联储降低了利率。2003年，联邦基金利率甚至跌至1%。有人认为，这是房价如此飙升的原因之一。确实，降低利率这一货币政策的目的之一就是刺激房地产需求，从而刺激经济发展。我认为这是非常具有争议性的，但也是至关重要的，不仅是为了充分认识危机，也是为了给将来货币政策的制定提供前车之鉴。那么，我们在制定货币政策时，应该在多大程度上把类似房地产泡沫的事件纳入考虑范围之内呢？

美联储内部对此做了细致的研究，美联储以外的研究也有很多（因为未能达成共识，所以你可能听说过不同的观点）。据我所知，货币政策对房价的上扬没有起到关键作用。下面我来谈谈这方面的证据。

证据之一是国际比较。人们没有意识到，房价的暴涨暴跌并不是美国独有的。世界上很多国家的房价都经历了暴涨暴跌，而且与其货币政策并没有紧密的联系。例如，英国的房价上涨相比美国有过之而无不及，但货币政策比美国紧缩，这与房价上涨的货币政策论不符。又如，德国和西班牙使用同样的货币（欧元），拥有同一个中央银行（欧洲中央银行），货币政策也相同，但是德国的房价在整个危机期间非常稳定，而西班牙房价激增的幅度远超美国。因此，这些国外的证据至少说明“货币政策很大程度上导致了房地产泡沫”这一说法不太合理。

证据之二是泡沫的大小。利率和住房抵押贷款利率的变化确实能影响房价和房产需求，这一点在历史上不乏证据。但是如果你关注包括住房抵押贷款利率在内的利率的变化幅度和房价变动的幅度，基于历史数据分析两者的关系，就会发现房价上涨只有一小部分可以用利率变动来解释。换言之，21 世纪初房价的上扬幅度很大，而货币政策导致的利率变动幅度相对较小，所以前者不能用后者来解释。

我要引用的最后一个证据是泡沫的时机。罗伯特 · 希勒是一位以研究包括房地产泡沫在内的经济泡沫而著称的经济学家，他认为房地产泡沫从 1998 年就开始了，也就是在 2001 年的经济衰退和美联储下调利率之前。而房价在 2004 年政策紧缩之后增长迅速，所以时间对不上。对此有两种可能的解释。一种解释是 1998 年正是技术泡沫的中间阶段，刺激股价飙升的乐观心理预期同样可能会导致房价飙升。一些经济学家提出了另一种可能的解释：20 世纪 90 年代后期，一场非常严重的金融危机席卷了一些亚洲国家和其他新兴市场经济体。危机平息之后，许多新兴市场国家开始大量积累外汇储备，这意味着它们需要得到安全的美元资产，于是对包括住房抵押贷款在内的资产的需求激增。这种需求是来自国外的，因为一些国家决定获取更多美元资产来充当外汇储备。有趣的是，在整个国家所能找到的与房价上涨关系最紧密的就是资金流入，这些资金流入国内，用来购买其认为安全的住房抵押贷款和其他资产，时间恰好也是在 1998 年初左右。

以上就是对货币政策是房地产泡沫的重要致因的反驳。但是我得强调，经济学家对此仍争论不休，这很重要，因为进一步说，我们需要反思低利率给经济和金融体系带来的影响。尤其是在当下，出于谨慎考虑，美联储正尽力将金融监管做到最好，以确保万无一失。①

此次危机导致了什么样的结果呢？可以说后果很严重。图 2–12 是金融压力的计量结果，金融压力是一个融合了许多金融指标的指数，可以显示金融体系的压力情况。从图中可以看到，2008 年和 2009 年金融市场的压力陡增。图 2–13 描绘了股市暴跌的情形。第一次暴跌发生在 2000 年和 2001 年的经济衰退时期，当时技术股急

---

① 如果你想要了解更多，下面列了一些参考文献，分析了货币政策对房地产泡沫的作用和影响。我在 2010 年 1 月 3 日于亚特兰大美国经济学会年会上发表的演讲“货币政策和房地产泡沫”（见 www.federalreserve.gov/newsevents/speech/bernanke20100103a.htm）中总结了一些证据。演讲内容很大程度上基于简 · 多科等人所著的《货币政策和房地产泡沫》，该文刊登于《经济政策》第 26 期（2011 年 4 月刊）的第 237~287 页，是美联储内部研究成果的集大成之作。卡门 · 莱因哈特和文森特 · 莱因哈特所著的《骄兵必败：美联储的政策和资本市场》（美国国家经济研究局，著作序列号 16815，国家经济研究局 2011 年 2 月出版），阐述了利率变动幅度不足以推动房价的观点和资本流入的观点。肯尼思 · 库特纳所著的《低利率与房地产泡沫：尚无确凿证据》，收录于道格拉斯 · 伊瓦诺夫编纂的《中央银行对金融稳定的作用及其变化》，得出了利率和房地产泡沫没有直接联系的结论，但是我得强调这个问题仍有争议。

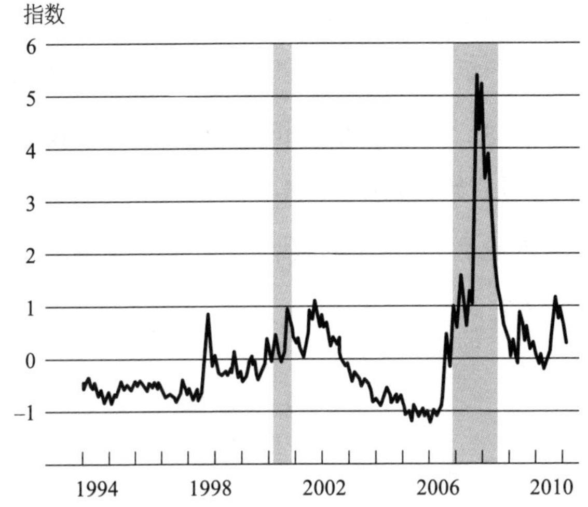

图 2–12　1994~2012 年间的金融压力指数

资料来源：圣路易斯联邦储备银行金融压力指数

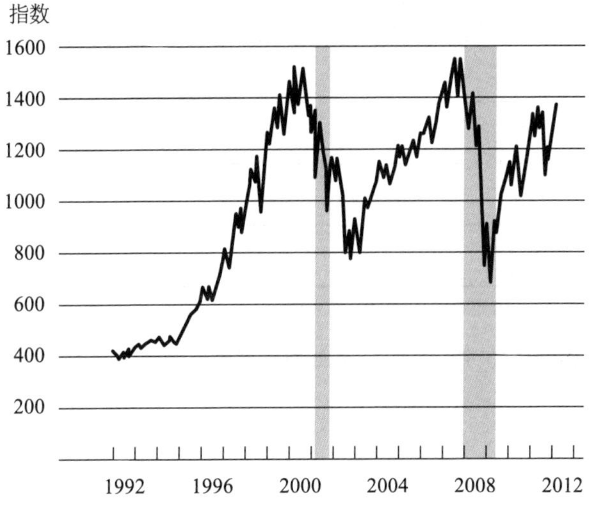

图 2–13　1992~2012 年间标准普尔 500 指数

资料来源：彭博社

剧下跌，但是需要注意的是，最近一次经济衰退中股市的下跌幅度超过了2000年和2001年。图2–14所示为房产建设情况，从中可以看到在经济衰退之前有一次急速的下滑，正是它引发了危机。但是沿着时间轴向右看就会发现，美国至今尚未从下滑中恢复过来。最后，图2–15显示了失业率的激增，峰值达到10%，现在已经下降到了8.3%左右。

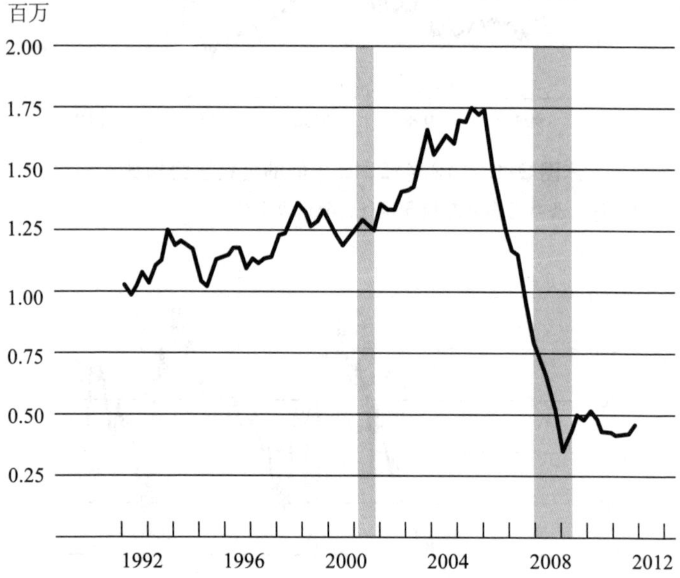

图2–14　1992~2012年间以家庭为单位的住宅开工情况

资料来源：美国人口调查局

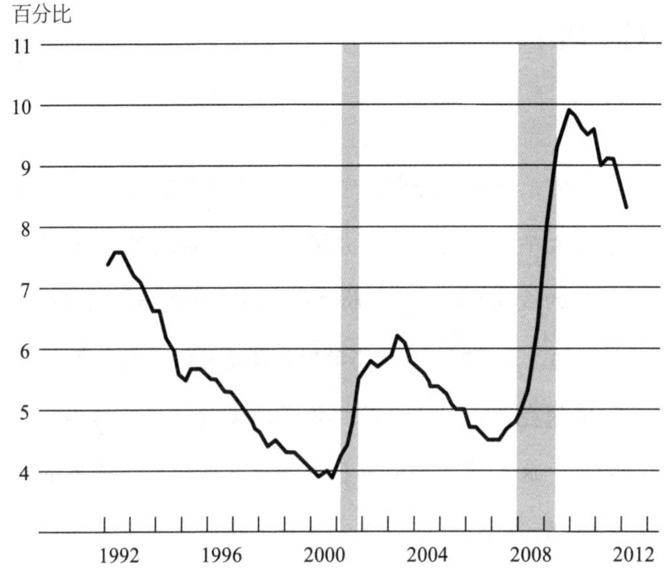

注：2012 年第一季度的值是基于 2 月的数据。

图 2–15　1992~2012 年间失业率

资料来源：美国劳工统计局

对 话

学生：在上一讲中，您谈到了“大萧条”，当时政策收紧得太早，导致经济二次探底。这一讲您谈及20世纪70年代的政策时说，政策收紧得太迟。您是如何判断恰当的时机的？是只有一个恰当的时机还是时机一直在变？

伯南克：找到恰当时机收紧或者放松政策的确很有挑战性，这也是美联储要拥有如此之多的经济学家和模型的原因。预测并不是非常准确，所以我们需要持续观察现状并适时做出调整。20世纪70年代，那时人们对通货膨胀的预期不受任何限制，所以预测尤其困难。如果油价上涨，人们就会预期通胀率走高，接下来就要求提高工资以应对物价上涨，而工资的提高又会进一步抬高物价，如此循环往复。人人都预期通胀率持续走高，没有人对美联储或者政府能使通胀率保持在一个较低的稳定水平抱有信心。好在现在情形大为不同了，这很大程度上要归功于沃尔克和格林斯潘。在经历了很长一段时间的低通胀率后，尽管油价有所变动，但大多数人对通胀率保持较低水平已经习以为常了。这是很有用的，因为在通胀率保持较低水平的情况下，美联储有更大的余地，即便一段时间内政策宽松，也不会陷入工资和物价交替上涨的恶性循环。因此，沃尔克和格林斯潘的一大贡献就是保持较低的通胀预期，这也是世界各国央行的一大目标。

学生：我想问的是21世纪初的低利率货币政策。您的观点是，很多不同研究都证明了它不是导致房地产泡沫的原因。假如2001年时您是美联储主席，您会让利率保持在那样低的水平上吗？您认为当时那样做是正确的吗？

伯南克：我当时在美联储理事会任职，2002年我就任理事后写的第一篇演讲稿就是有关泡沫和金融监管的，主题为“用合适的政策工具达成目的”。把利率政策与泡沫和资产价格捆绑在一起实在是小题大做，问题就在于房地产业只是经济的一部分，而利率是用来维持经济整体稳定的。所以在经济疲软期，要阻止房价攀升，就要大幅提高利率。当时失业率仍高于正常水平，通胀率跌落至几乎为零。总之，适当地运用货币政策是能实现宏观经济整体稳定的，但也不能忽视金融失衡。我认为美联储本可以在监管上表现得更为激进，以确保发起的贷款具有更高的质量，确保企业能有效地管理风险等。我认为第一道防线就是监管。这一讲我谈及的美联储得到的一大教训就是不要对任何事情太过肯定，要虚心一点。因此，我们永远都不能排除这样一种可能性——如果各种监管和干涉都不能达到我们想要的金融体系稳定，那么货币政策作为最后的手段，可能需要经过一定程度的改良才能解决问题。但是，因为货币政策有如钝器，会对所有资产的价格和整体经济产生影响，所以若能改用更具针对性的政策工具会好得多。

学生：在本讲的结尾，您提到了全球经济失衡也造成了一部分泡沫。美国现在的货币和财政政策聚焦在以借款促经济，那会不会因为借款过度而重蹈危机的覆辙？

伯南克：首先，我们想要达到的是经济整体更加均衡，所以货币政策既会刺激资本形成，也会促进出口。总之，我们想要实现的是需求的主要组成部分——消费、投资、出口和政府支出——更加平衡。目前的货币政策与经济平衡的目标是一致的。话虽如此，目前的消费需求仍远低于危机前的水平，尚未完全恢复，较危机前仍相对疲软，而私人债务却下降了很多。你刚刚提到了全球经济失衡，让我们来谈谈美国的经常账户失衡，也就是贸易逆差。贸易逆差已经下降了很多。因此，无论是全球经济失衡还是贸易巨额赤字都已经发生变化，短期内赤字缩减过多的原因是美国缺少维持经济增长的需求来源。我认为每个国家都需要寻求消费、投资、出口和政府支出之间的平衡，这是我们的使命。但是现在，债务和消费水平等与危机前的格局相比仍然较低。

学生：本讲的后半部分您提到了 21 世纪头 10 年互联网泡沫后的货币政策是如何保持低利率的，您认为货币政策不是刺激房价上涨的因素。但是从另一个角度来看，低利率会导致私人投资者和银行面临更大的风险，您认为这会不会触发危机？

伯南克：这个问题很好。我认为低利率对投资风险加大有一定的影响。但是，这又涉及经济平衡的问题。在经济衰退阶段，总的来说，大多数投资者变得非常谨慎，过去一段时间当然也是如此。人们想要让风险大小合理，不多不少，而这需要金融监管发挥作用，尤其是对大型机构（例如银行）直接监管以确保其风险管理得当。这又回到了“用合适的政策工具来达成目的”上来。

学生：房地产泡沫图示清晰地显示了事件的来龙去脉，比如房价上涨后又最终下跌。21 世纪初，您在关注经济走势时认为在房价泡沫积累之后会发生什么？您是否认为这终将导致一次经济衰退？有一本书《大空头》，讲述的就是一群非常有先见之明的投资者做空市场的故事，您对此持什么观点？

伯南克：我一直在说，房价下降本身并不是主要的威胁。2005 年，我在担任小布什总统的白宫经济顾问委员会主席时，为他分析了房价下跌的后果，当时得出的结论是：虽然会导致衰退，但没有预料到会对金融体系的稳定性产生如此深远的影响。2006 年，我成为美联储主席之际，房价已经开始下降。在我任职的前两周，我发表声明说，房价下跌即将对经济产生负面作用，结果究竟如何还无法确定。因此我们一直都在提防着房价下跌。真正难以充分预测的是，房价下跌的后果会比互联网公司股票的类似下跌的后果严重得多。我再说一遍，原因在于房价影响住房抵押贷款的方式会破坏金融体系的稳健性，造成恐慌，而恐慌情绪又会加剧金融体系的不稳定性。所以整个事件链条至关重要，并不仅仅是房价下降，而是整个链条。

学生：在次贷危机之前廉价信用遍地的时候，两党都在推动美国的住宅所有率，最初是比尔·克林顿总统在倡导，后来由小布什总统延续。您认为这一时期支持借贷增加的激进政策在多大程度上导致了最终的贷款发起人一方信用标准被破坏？

伯南克：这个问题很好，也很有争议性。当时确实有一些压力要增加住宅所有率，这其中掺杂了一些“美国梦”的因素。那段时间住宅所有率上升了，但是所有的责任都由政府来承担却不太合理。大多数的违约贷款来源于私人部门投资者，转手做了私人部门证券化，也就是说，他们根本不经过房利美和房地美，而是直接与投资者接触。房利美和房地美确实有一些次级贷款，但并不是一开始就有的，而是后来才出现的。不过很明显，私人部门即便没有得到政府的鼓励支持，也已经在住房抵押贷款标准的破坏和住房抵押贷款捆绑销售中扮演了重要角色。

学生：我认为您领导美联储期间的一大特点是您承诺提高美联储的透明度。这个房间里的所有人都是这项政策的受益者，但是我很好奇，您是否认为过度透明实际上会损害公众对中央银行的信任？透明是否会使情况变糟？

伯南克：总的来说，我认为透明度是非常重要的。中央银行保持独立性的重要性，与此也有关系。如果中央银行是独立的并且在制定与每个人都息息相关的政策，那它必须为此承担解释责任。人们需要了解中央银行正在做什么，为什么要做，基于什么做出决策。所以，为了让民众知情，我认为中央银行保持透明度至关重要。在所有的场合，包括演讲、和民众对话或记者招待会等，我都一再声明，由我来解释美联储在做什么、为什么这么做，这一点非常重要。保持透明度的另一个原因是，透明可以使民众对政策的理解不断加深，从而促进货币政策更好地发挥作用。例如，如果美联储就其未来的行动方向交换了意见，并且向市场传达了信息，市场会将这些预期以利率的形式反映出来，对经济产生重大影响。所以披露也会减少不确定性，帮助货币政策在金融市场中发挥作用。

学生：我的问题有关价格稳定与通胀预期。您提到了宏观经济稳定和长期经济增长的重要性。鉴于最近已经向市场注入了大量流动性，美联储如何能够保持较低通胀预期？

伯南克：我认为这在一定程度上应归功于前几任美联储主席，尤其是沃尔克，还有格林斯潘，是他们让通胀率保持在较低水平。人们对此已经习惯了，在通胀率年复一年持续较低时，人们也就越来越相信中央银行有能力保持低通胀率。尽管我们经历了油价的涨跌、经济衰退和金融危机，但通胀预期始终保持在美联储的目标值2%左右，这是非常了不起的成绩。

THE FEDERAL RESERVE AND THE FINANCIAL CRISIS

第三讲

美联储应对金融危机的政策反应

本讲中，我想谈谈美联储应对金融危机的政策反应。在前两讲中，我们讨论过一个重要的话题，即中央银行的两大职能——维持金融和经济稳定。回想一下中央银行行使这两大职能所使用的两大工具。对于维持金融稳定，中央银行主要使用的工具是作为最后贷款人，为金融机构提供短期流动性和资金支持。几个世纪以来，各国的中央银行运用这一工具平息了数次金融恐慌。对于维持经济稳定，中央银行最重要的工具是货币政策，在正常时期，货币政策主要体现为短期利率的调整。

接下来，我来谈谈金融危机最为严重的 2008 年和 2009 年的相关情况，并主要关注中央银行作为最后贷款人的职能。在最后一讲中，我们会讨论金融危机的后果和经济复苏的情况，并对中央银行的货币政策职能进行阐释。

金融体系的漏洞

如前文所述，金融体系存在的漏洞使得房价的下跌最终演变成了金融危机。虽然从表面上看，房价下跌给金融体系带来的威胁还没有互联网企业股价下跌带来的威胁大。但正是由于这些漏洞的存在，房价的下跌才最终酿成了一场极为严重的危机。前文中提到的漏洞主要是私人部门的漏洞，包括可能由经济“大缓和”造成的过度负债；包括银行部门对于自身风险监管的缺失（这一点非常重要）及其对短期流动性供给的过度依赖（致使银行部门在缺少短期流动性供给时容易遭到挤兑，银行在19世纪也存在类似的问题）；也包括大量奇异金融工具的使用，比如信用违约掉期等金融衍生品，它们会将风险过度集中于某个特定的公司或市场。上面提到的都是私人部门的漏洞。

公共部门同样也存在漏洞，比如监管机构的缺陷。监管机构对于一些较为重要的企业或市场的监管不够充分；而在监管相对充分的地方，或者至少从法律层面给予了充分监管的地方，监管机构有时也没有把工作落到实处。例如，监管机构并没有采取足够的政策措施来敦促银行部门更好地监控自身的风险。最后，监管部门视野的局限性也是重要原因之一。金融危机爆发后，各监管机构只关注了金融体系中某个部分的态势，而没有将金融体系的稳定视为一个整体，并给予足够重视。

接下来我们讨论另一个重要的公共部门漏洞，即政府支持型企业——房利美和房地美（以下简称“两房”）的漏洞。“两房”虽然名义上是私人企业（各自有股东和董事会），但它们实际上是经美国国会批准、为支持房地产业的发展而建立起来的政府支持型企业。“两房”并不直接从事住房抵押贷款业务，也就是说，客户无法在房利美的营业部办理住房抵押贷款。相反，这两家公司是住房抵押贷款的发起人和最终持有人之间的中间人。比如，一家从事住房抵押贷款业务的银行将住房抵押贷款卖给了“两房”，之后，“两房”会将它们购买的所有住房抵押贷款打包成住房抵押贷款支持证券，然后卖给投资者。住房抵押贷款支持证券是成千上万份住房抵押贷款的组合，这一资产组合的过程就是“资产证券化”。“两房”发起资产证券化过程，并通过销售这些证券化产品进行融资。值得注意的是，当“两房”这样的政府支持型企业销售住房抵押贷款支持证券时，它们也为这些证券背后的住房抵押贷款提供了信用担保。所以，当这些资产支持证券的基础资产——住房抵押贷款——的违约风险增加时，“两房”也会遭受损失。在当时，政策允许“两房”在较低的资本充足率水平下运营。于是，当大量的住房抵押贷款发生违约时，这两家公司面临的风险就会大大增加，因为它们没有足够的资本金来偿付其为住房抵押贷款提供的信用担保。尽管这次金融危机中出现的许多问题都超出了人们的预期，但是“两房”潜在的巨大风险却早在意料之中。在金融危机爆发前的十几年中，美联储和多位专家就曾指出，“两房”过低的资本充足率对于金融体系的稳定来说是一个威胁。更为糟糕的是，“两房”除了向投资者销售大量住房抵押贷款支持证券外，本身也大量持有上述证券，这些证券中既有由它们发起的，也有由其他私人部门发起的。“两房”固然可以通过持有这些住房抵押贷款获利，但是这些住房抵押贷款在一定程度上却是缺乏担保或不受保护的，因而“两房”很容易遭受损失；另外，由于自身的资本充足率不够，“两房”的运营更是充满了风险。

金融衍生品的泛滥

导致金融危机爆发的重要原因不仅仅在于房价的起落，更在于随房价变化而变化的住房抵押贷款产品及相关衍生产品的广泛使用。当时的市场上充斥着大量的奇异住房抵押贷款产品，之所以称为“奇异”，是因为它们不是标准化的产品（标准化的住房抵押贷款的期限一般为 30 年，而且利率固定）。这类奇异住房抵押贷款通常是为那些信用水平较差的人提供的，其共同的特征之一就是，只有当房价保持上升态势时，借款人才能够还得起贷款。假设某人获得了一种浮动利率住房抵押贷款，其初始利率为 1%，这意味着他在最初的一两年能够偿还每期的还款额。但是，两年之后，贷款利率可能上升到 3%，4 年之后可能上升到 5%，之后还会越来越高。为了避免这种情况发生，在某个时间点，他需要用某种更为标准化的住房抵押贷款来进行再融资。只要房价一直保持上升，其房屋资产就会增值，他也能够轻易地进行再融资。但是，一旦住房价格不再上升，例如，到2006年时房价已经在快速下跌，借款人的房屋资产就会贬值，形势也变得糟糕起来。此人将无法再融资，并且已没有能力偿付日益增加的住房抵押贷款月供。

在当时的市场上，充斥着如下一些劣质的住房抵押贷款：

- 只付利息的浮动利率住房抵押贷款；
- 含权浮动利率住房抵押贷款（允许借款人改变其每期的还款额）；
- 超长期的住房抵押贷款（贷款期限超过30年）；
- 负摊销浮动利率住房抵押贷款（首付款甚至可以低于当期利息）；
- 无信用证明的住房抵押贷款。

大部分劣质的住房抵押贷款都有一个共同的特征，即还款额在最初的几期会低于应还额，但是随着时间的推移，还款额会逐渐上升。以含权浮动利率住房抵押贷款为例，此类浮动利率住房抵押贷款允许借款人改变每期的还款额。每期的还款额可以低于应还额，而未还部分会结转到住房抵押贷款之中，留待将来偿还。劣质的住房抵押贷款的另一个共同特征是，需要的信用证明很少，例如无信用证明的住房抵押贷款，它意味着在发放住房抵押贷款时基本没有对借款人信用状况和还款能力进行审核。

图 3–1 为当时的两则住房抵押贷款广告，从中我们可以发现一些问题。个人觉得右边的那则广告更有意思。我们抹去广告发起公司的名字，来看看这则广告中的住房抵押贷款的一些特征。“初始利率仅为 1%”的意思是说，第一年的利率为 1%，但并没有说明第二年的利率为多少。“只需口头说明收入情况”的意思是说，口头告知该公司自己的收入状况，由其记录下来即可，并不需要其他的核查程序。“无须信用证明”，顾名思义。“可以全额贷款”，也就是说无须首付。“只需支付贷款利息”的意思是说，只需支付

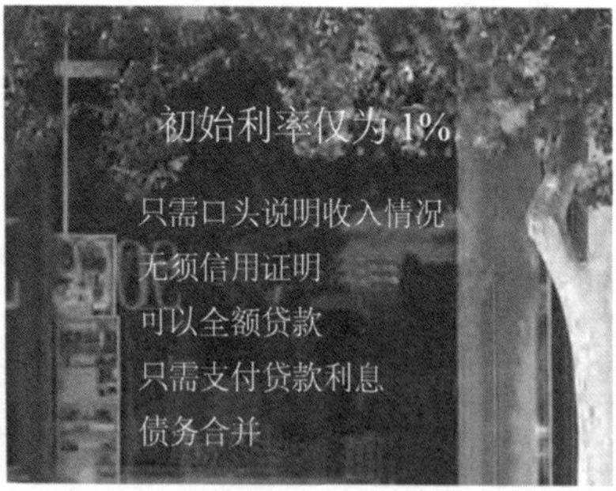

图 3–1　住房抵押贷款放款标准降低

利息，而不必支付本金。“债务合并”是一个很有意思的安排，它允许借款人将信用卡贷款等其他类型的债务与住房抵押贷款合并在一起，进行统一贷款和偿还。很明显，这些做法都存在不少问题。

住房抵押贷款公司、银行、储蓄贷款机构以及其他一些机构发起了这些非优质的住房抵押贷款，那么这些住房抵押贷款最终流向了何处，又是如何获得融资的呢？我的回答是，其中一部分继续留在了发起人的资产负债表上，而这些奇异住房抵押贷款或者说次级住房抵押贷款中的另外一大部分都被打包成了证券化产品，在市场上销售。

有些住房抵押贷款证券产品相对来说比较简单。如果要将住房抵押贷款出售给房利美或者房地美，就必须满足这两家公司的信用证明要求。前面提到，“两房”之后会将这些住房抵押贷款打包、组合形成住房抵押贷款支持证券，并提供信用担保，然后进行销售。这些证券只是由多份住房抵押贷款组合而成的相对简单的金融产品。

但是，现实经济中也存在一些非常复杂且难于理解的证券，比如担保债务凭证。这种证券将住房抵押贷款和其他类型的债务打包、组合，然后以不同的方式进行拆分，卖给不同的投资者。这就导致了某些投资者获得的是风险较低的产品，而另外一些投资者获得的则是风险较高的产品。这些证券非常复杂，投资时需要进行大量的分析。

许多投资者都愿意购买这类证券，原因之一是这类证券拥有信用评级机构给予的AAA评级。信用评级机构是专门对债券和其他证券产品进行质量评级的机构，AAA评级实际上意味着这类证券非常安全，投资者无须担心信用风险。这类证券的投资机构，包括养老基金、保险公司、外国银行，在某些情况下甚至还包括富裕的个人投资者。而发明这类证券的金融机构通常自己也会持有一部分。例如，金融机构发明了某种财务虚拟调节证券（一种表外工具），它们会持有这些证券，并通过商业票据等成本较低的短期资金进行融资。可见，这些证券一部分流向了投资者，另一部分则由金融机构自己持有。

除此之外，美国国际集团等保险公司也会从事以这类证券为标的的保险业务。例如，它们会向投资者出售各类信用衍生品，“支付保费后，如果住房抵押贷款支持证券的基础资产出现违约，我们将予以全额赔付”。这样一来，这类证券就可以获得AAA评级。当然，这些操作并没有使这类证券的基础资产本身的质量得到改善，反而为风险在整个金融体系中的扩散创造了条件。

图3–2描述了次级住房抵押贷款的证券化过程。如图左边所示，“劣质住房抵押贷款”主要来自住房抵押贷款公司或从事贷款业务的储蓄公司。这些公司不会特别关注贷款的质量，因为它们要做的是将贷款卖给其他机构。在住房抵押贷款被卖给大型金融机构之后，这些金融机构会将住房抵押贷款或其他证券进行组合，

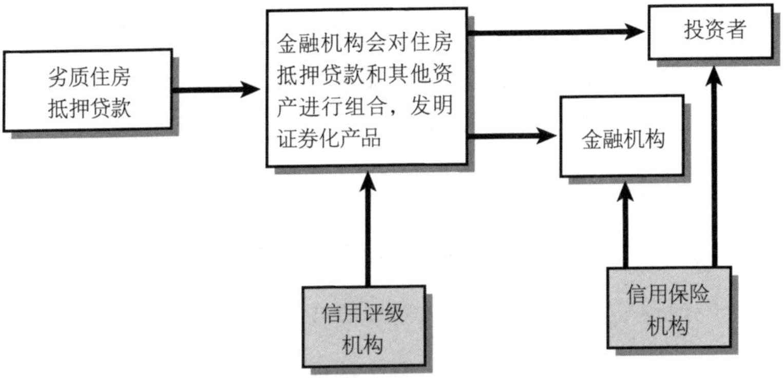

图 3–2 次级住房抵押贷款证券化过程

形成另一种证券，这种证券实际上是其背后所有住房抵押贷款和其他证券的资产组合。

现在，发明这些证券的金融机构可能会和信用评级机构进行协商讨论，争取使这些证券获得AAA信用评级。最终，这些证券基本上都会获得AAA评级。之后，金融机构会将这些证券以不同的方式进行拆分或直接卖给养老基金等投资机构。但是，金融机构也可以自身名义或者通过相关投资渠道大量地持有这类证券。最后，如图 3–2 右边所示，在支付了一定的保费之后，美国国际集团等住房抵押贷款保险公司会为这些证券提供信用保险，以免作为基础资产的住房抵押贷款状况恶化之后蒙受损失。图 3–2 即为资产证券化过程的基本结构。我曾经研究过资产证券化的完整流程，非常复杂。该图虽是大幅精简后的版本，但已涵盖了资产证券化的基本思想。

我们回忆一下，金融危机和恐慌往往发生在这样的情况下：各类金融机构资产负债表的资产端往往都是低流动性资产（如长期贷款），而负债端都是高流动性的短期负债（如储蓄存款）。就典型的银行危机而言，如果储户对银行资产的质量丧失了信心，他们就会争先恐后地从银行提取现金，而银行却没有能力满足每个人的提现需求，因为将贷款变现需要一定时间。所以，银行挤兑就会不断地自我放大。银行要么选择破产，要么在市场上大量抛售其长期资产，免不了遭受巨额损失的命运。

2008~2009 年的危机是一次典型的金融恐慌，但发生在不一样的体制环境之中：不再只限于银行部门，而是扩大到了整个金融市场。如前所述，房价在 2006 年和 2007 年下跌时，通过次级住房抵押贷款购房的人丧失了偿付贷款的能力。随着越来越多的人拖欠贷款、出现违约，人们的偿债能力明显下降，这给金融机构和它们发明的投资工具以及美国国际集团等信用保险公司带来了巨额损失。不幸的是，这些证券太过复杂，金融机构对于自身风险的监管远远不够。然而，问题并不仅仅在于这些公司蒙受的损失。即使美国所有的次级住房抵押贷款都变得一文不值，其对金融体系造成的损失也只相当于一个糟糕的股票交易日：规模并不是很大。关键问题在于，这些住房抵押贷款分布于不同的证券之中，并在不同的市场上流动，没有人真正知道这些证券的源头，也没有人知道谁将会遭受损失。这给金融市场带来了很大的不确定性。

所以，无论你通过何种方式进行短期流动性融资，不管是商业票据还是其他类型的票据，借款人都会拒绝为你融资。有很多资金并没有受到存款保险制度的保护，它们就是所谓的批发资金，主要来自投资者和金融机构。在典型的银行挤兑事件中，一旦某家银行被怀疑存在问题，不管它的投资者、债权人或者交易对手的怀疑起于何时，他们都会迅速将资金从该银行收回，只因为：储户会取出存在该银行的资金。这就会引发一连串的挤兑事件，对主要的几家金融机构造成巨大的压力；金融机构丧失融资能力，它们将不得不快速地甩卖资产，给一些重要的金融市场带来严重的混乱。于是，在“大萧条”时期有成千上万家银行倒闭。当时，美国倒闭的银行几乎都是小银行（欧洲的一些大银行也倒闭了）。但是，2008 年的情况却不太一样，除了小银行倒闭之外，最大的几家金融机构也遭受了巨大的压力。

让我们来看看当时遭受过巨大压力的几家公司。先是贝尔斯登公司，一家证券经纪交易商，在 2008 年 3 月的短期融资市场上遭受了很大的压力。最后，在美联储的援助下，这家公司于 3 月 16 日被摩根大通收购。在那之后，紧张的形势稍微平复了一些，整个夏天都充满了危机放缓的希望。但是，在夏末之际，形势却开始真正变得紧张起来。

2008 年 9 月 7 日，“两房”已明显资不抵债。这两家公司的资本金已不足以偿付其住房抵押贷款担保业务的损失。美联储、

“两房”的监管机构携手美国财政部共同行动，对这两家公司的债务缺口进行了估算。那个周末，在美联储的援助下，这两家公司以有限破产的形式被财政部接管。与此同时，财政部获得了国会的特批，可以对“两房”的所有债务提供担保。也就是说，当时这两家公司处于半破产的状态，但美国政府对其住房抵押贷款支持证券提供了担保，从而保护了投资者。美国政府必须这么做，不然会导致更严重的金融危机，因为全世界投资者持有的住房抵押贷款支持证券的账面价值高达数千亿美元。

9 月中旬，证券经纪交易商雷曼兄弟公司遭受了惨重的损失，面临的形势非常严峻，既没有找到合意的收购者，也无法获得增资。9 月 15 日，这家公司正式申请破产。同一天，另一家大型证券经纪交易商美林证券，被美国银行收购，基本上摆脱了潜在的破产危险。

9 月 16 日，世界上最大的综合型保险公司、主要从事信用保险业务的美国国际集团公司，也遭到了客户的严重攻击。客户通过保证金要求和短期融资来索要现金。美联储为美国国际集团提供了紧急流动性援助，从而使其免于破产。

华盛顿互惠银行是世界上最大的储蓄公司之一，大量从事次级住房抵押贷款业务。9 月 25 日，监管部门将其关闭。经过拆分之后，这家公司被摩根大通收购。10 月 3 日，曾是美国五大银行之一的美联银行，也遭受了巨大的压力，被另一家大型的住房抵押贷款供应商富国银行收购。

我提到的这些公司都是美国排名前10或前15的金融机构，类似的现象也发生在欧洲。所以说，这一次不只是小银行遭遇了危机，那些大型的、复杂的跨国金融机构也濒临破产。

应对危机的举措

在第一讲中，我们讨论过“大萧条”时期的一些教训，现在来回忆一下。首先，在20世纪30年代，美联储没有采取足够的措施来维持银行系统的稳定，这一点给我们的教训就是，在金融恐慌时期，中央银行应该根据“白芝浩原则”进行自由放贷，以避免银行挤兑，从而稳定金融体系。其次，在20世纪30年代，美联储没有采取足够的措施来避免通货紧缩和货币供给收缩，因此第二个教训就是，要以宽松的货币政策来避免经济陷入深度衰退。在吸取了这些教训之后，美联储和联邦政府采取了强有力的政策行动来阻止21世纪初的这次金融恐慌，并与美国国内的其他机构、外国中央银行和政府进行合作。

现在，我认为金融危机没有引起人们足够注意的一个方面就是其全球性。特别是，欧洲在本次金融危机中和美国一样遭受了很大的冲击。但是，这却是一个令人印象十分深刻的国际合作案例。

2008年10月10日，七国集团例行峰会在华盛顿举行，这是全球最大的七个工业化国家的中央银行行长和财政部长参加的会议。现在告诉你们一个大秘密：诸如此类的知名国际大会通常都非常乏味，因为大部分的工作都已由工作人员提前完成。虽然这类会议的确会就某些议题进行讨论，但会议公报早已由工作人员提前拟好，大部分的时间都只是在例行公事。然而，2008年10月的这次会议却并不乏味。整个会议几乎完全没有按照议程来进行，与会人员一直都在讨论该如何应对金融危机的问题。那我们到底应该如何共同应对这一场威胁全球金融体系的危机呢？最后，在美联储的提议下，会议新拟了一份原则声明。根据这些原则，各国将会共同采取措施来避免那些具有系统重要性的金融机构破产。遗憾的是，这次会议是在雷曼兄弟破产之后举行的。我们要确保银行和其他金融机构能够获得中央银行的融资和政府的注资。要采取措施恢复储户和投资者的信心，然后尽可能地就规范信贷市场展开合作。这是一个全球范围内的共识。在接下来的一周内，英国第一个颁布了一项综合政策计划来稳定银行系统。美国也宣布了对银行进行注资的主要步骤。总的来说，在这次会议之后的几天内，发生了很多事情。

图3–3中显示的银行间隔夜拆借利率的走势可以说明这些政策措施的显著效果。正常情况下，银行间隔夜拆借利率非常低，远低于1%。这是因为，银行本来就需要在其他机构存放隔夜资金，

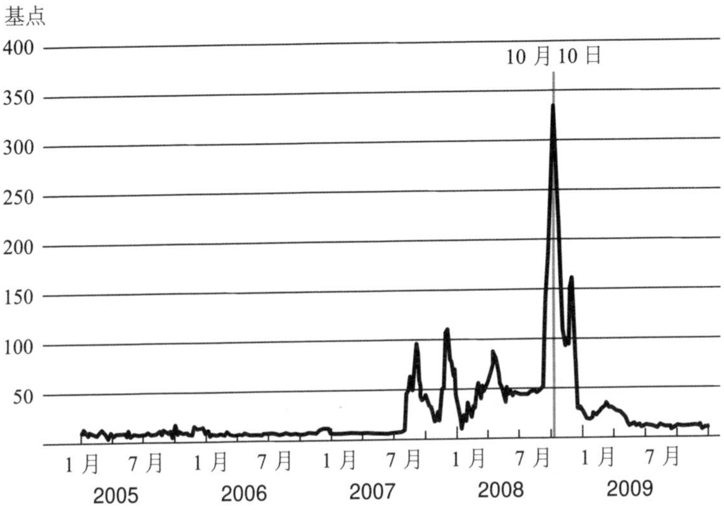

注：伦敦同业拆借利率（LIBOR）减去隔夜指数掉期利率。

图 3–3 2005~2009 年间银行间隔夜拆借成本

资料来源：彭博社

而且一般的观点也认为，对另一家大型银行进行隔夜拆借是非常安全的。如图所示，从 2007 年开始，银行之间开始失去信任，其结果就是隔夜拆借利率上升。例如，在 2007 年，人们感觉到了房价下跌的压力，市场对于住房抵押贷款的质量和企业财务状况的担忧情绪开始增加。2008 年 3 月，随着贝尔斯登被收购，隔夜拆借利率达到了一个阶段性峰值。虽说与后来的情况相比，这一峰值并不算什么，但也反映了当时的困难情形。在那段时期，金融市场和资金市场出现了剧烈的波动。我们来看看市场对于贝尔斯登流动性问题事件的反应。银行间市场利率急剧上升，然而，在利率如此之高的情况下，很可能不会产生多少拆借交易量。这意味着，最大的几家银行突然间失去了相互信任，因为没有人知道谁会是第二个贝尔斯登，谁将会破产，谁又将出现资金压力。

下面来看看国际声明发表之后的情形。在后来的几天内，资金压力开始下降，直至2009年1月初，银行系统的资金压力都在显著改善。这是一个很好的国际合作范例，说明了形势的好转不仅仅发生在美国，也不仅是美国或者美联储的政策起到了作用。实际上，它是全球合作的结果，尤其是美国与欧洲之间的合作。

然而，在为市场提供流动性方面，美联储的确扮演了至关重要的角色，确保了金融恐慌处于可控范围之内。我简要谈谈这方面的概况，之后举两个例子予以说明。当银行出现资金短缺时，美联储通常会用一种被称为贴现窗口的工具来为其提供短期融资。银行可以通过这一工具获得隔夜贷款，并向美联储提供相应的抵押品。有了这些抵押品，银行就可以贴现率获得隔夜贷款。贴现率即美联储向银行收取的贷款利率。贴现窗口作为美联储为银行提供贷款的一种工具，通常是非常有效的。通过这种方式贷款给银行不需要特殊程序，美联储经常这样贷款给银行。在这次危机中，为了确保银行获得信贷资金，美联储对贴现窗口进行了一些调整。为了将更多的流动性注入金融体系，美联储延长了贴现窗口贷款的到期时间。而通常来说，贴现窗口贷款一般都是隔夜到期的。美联储延长了贴现时间，并对贴现窗口资金进行公开招标，让企业通过竞标决定其贷款利率。我们认为，通过这些固定数额资金的公开拍卖，至少可以相信大量的现金进入了金融体系。这里的关键之处在于，贴现窗口是实现美联储最后贷款人职能的常规工具，它非常管用，因此要不断地运用这一工具来确保银行获得现金，从而稳定市场恐慌情绪。

但是，我们现在面临的金融体系要比 1913 年开始创建美联储之时复杂得多。现在，市场上的金融机构种类繁多。前面提到，此次金融危机与过去的银行危机类似，只是它发生在各类不同的金融机构和体制环境中。因而，美联储需要采取贴现窗口以外的其他措施。为了使其他类型的金融机构也可以获得中央银行的贷款，必须提出一系列其他的政策措施来为市场提供特殊的流动性和信贷工具。根据“白芝浩原则”，缓解金融恐慌的最佳方式就是为那些缺乏资金的机构提供流动性。但是，美联储发放的所有贷款都是需要抵押担保的，不能拿纳税人的钱当儿戏。最后，资金不仅流向了银行部门，并且更为广泛地流向了整个金融体系。这些政策和措施的目的是增加金融体系的稳定性，使信用再次流动起来。需要强调的是，中央银行作为最后贷款人的这一职能已存在了数百年，只是与传统的银行环境相比，它现在面临的体制环境发生了变化。

下面，我们将介绍一些运用特殊程序进行处理的金融机构和市场。对于银行部门可以通过贴现窗口工具来处理。但是其他类型的金融机构，比如证券经纪交易商（从事证券和衍生品交易的金融机构），也面临着严重的问题，包括贝尔斯登、雷曼兄弟、美林证券、高盛、摩根士丹利等。美联储通过抵押贷款为这些企业提供现金或短期流动性支持。商业票据债务人和货币市场基金获得资金援助。在现代金融体系中，不只住房抵押贷款，包括汽车贷款、信用卡贷款在内的所有不同种类的消费信贷，都可以通过证券化过程来融资。例如，银行可以将其所有的信用卡应收账款打包成一个证券化产品，然后在资产支持证券市场上卖给投资者，这与住房抵押贷款的销售过程类似。而在金融危机期间，资产支持证券市场几乎完全冻结，美联储采取了一些新的流动性措施，成功地帮助市场恢复了运转。

需要说明的是，尽管美联储通过常规贴现窗口向银行部门提供贷款的程序是完全标准化的，但其他类型的贷款却需要美联储调用应急特权。《联邦储备法案》第13条第3款中有这样一句话，在非常时期和紧急情况下，美联储可以为银行以外的实体提供贷款。自20世纪30年代以来，美联储一直没有运用过这一特权。但是，本次危机情况特殊，随着不同的机构和市场陆续浮现出各种问题，美联储调用了这一特权，用以稳定各个市场。

这里我举例说明一下当时美联储采取的行动及其对经济的作用。我们先简单谈谈货币市场基金。货币市场基金是一种基础性的投资基金。投资者购买基金份额，然后通过基金来投资于短期流动性资产。历史上，货币市场基金的单份价格通常维持在1美元。所以，货币市场基金与银行存款非常类似，通常是养老基金等机构投资者的选择目标。一个拥有3000万美元现金的养老基金很可能不会将钱存入银行，因为存款保险的覆盖额度是有限的，这么多钱无法获得全额保险。

因此，除了将现金存入银行之外，还可以购买货币市场基金。每投资1美元的货币市场基金，除了保本外，还可以赚取一些利息。这类投资的期限很短，资产安全性好，而且流动性高。所以，对于机构投资者而言，货币市场基金是进行现金资产管理的好工具。

如前文所述，货币市场基金份额并没有存款保险，但是投资者可以在任何时候将基金份额兑换成等额美元。于是，投资者基本上可以将货币市场基金视为一种银行账户。货币市场基金也需要投资于其他资产，而且它们更倾向于对短期资产投资，比如商业票据。商业票据通常是由企业发行的短期债务工具，到期期限一般不到90天。非金融企业会发行商业票据进行现金流管理，用这些短期资金来满足工资支付和存货周转的需要。所以，一般的制造企业都会发行商业票据进行现金融资，以维持日常运营，例如通用汽车和卡特彼勒。而包括银行在内的金融机构也会发行商业票据进行现金融资，以调整自己的流动性头寸或者向私营经济体提供贷款。图3–4描述了货币市场基金的工作原理。如图左边

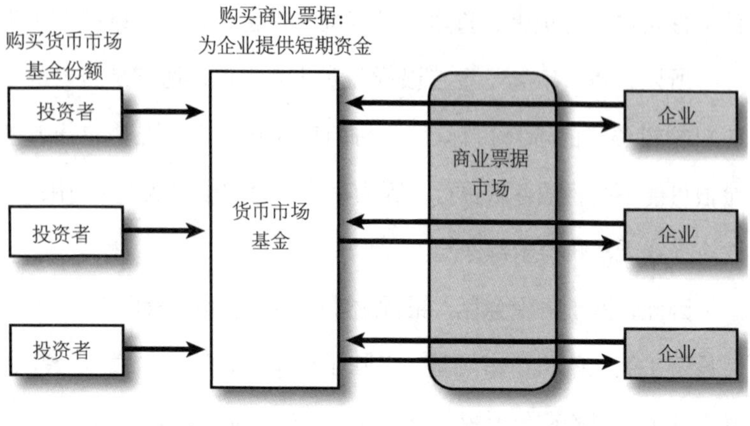

图 3–4　货币市场基金和商业票据市场

所示，投资者将闲置资金投资于货币市场基金，之后，货币市场基金用资金购买商业票据。这一过程不只是制造企业等非金融企业基本的融资渠道，也是从事贷款业务的金融机构基本的融资渠道。

在 2008 年的金融危机中，货币市场基金发生了怎样的变化呢？雷曼兄弟公司引发了一场巨大的风波。这家投资银行从事全球范围内的金融服务，它不是商业银行，因而不受美联储的监管。雷曼兄弟持有大量证券，并在证券市场上广泛交易。它不是银行，所以不能吸收存款。相反，它通过短期资金市场来融资，包括商业票据市场。21 世纪初，雷曼兄弟公司投资了大量的住房抵押贷款相关证券和商业不动产。随着房产价格的下跌和住房抵押贷款债务拖欠的增加，雷曼兄弟公司的财务状态开始恶化，同时在商业不动产投资业务方面也遭受了巨大的损失。于是，雷曼兄弟公司开始资不抵债，投资业务全面亏损，经营压力越来越大。更为严重的是，债权人对它失去了信心，开始撤资。例如，投资者不再对雷曼兄弟公司的商业票据进行展期，由于担心其随时可能破产，商业合作伙伴也不再与其进行交易。于是，雷曼兄弟公司丧失了流动性支持，融资能力也变得越来越差。它曾经尝试过向美联储和美国财政部寻求援助，以获得增资或者被收购，但并未成功。于是，如前文所述，雷曼兄弟公司于 9 月 15 日正式申请破产，它的破产对全球金融体系来说是一个巨大的打击。

雷曼兄弟公司的破产造成了诸多影响，也影响到了货币市场基金。某只规模很大的货币市场基金持有雷曼兄弟公司发行的商业票据。在雷曼兄弟破产时，这些商业票据变得几乎一文不值，或者说至少长时间内不再具有流动性。突然间，这只货币市场基金无法再为其储户支付与基金份额等额的现金。现在，假设你是这只货币市场基金的投资者，你知道它有义务随时满足你的提现需求，但是你也知道它已没有足够的现金来等额地偿付基金份额。那你会怎么做呢？回忆一下 19 世纪的银行挤兑事件，储户如果听说他们存款的银行遭受了严重的损失，其反应会跟现在的你一样。与典型的银行挤兑事件类似，这只基金的投资者会取走现金，之后，其他基金的投资者也会取走现金。在这种情况下，就会发生非常严重的货币市场基金挤兑，投资者争先恐后地将其资金从货币市场基金撤离。

面对这种形势，美国财政部和美联储迅速做出了反应。财政部启动临时担保计划，保证货币市场基金投资者的本金安全。之后，美联储又制订了一项流动性支持计划，即由美联储向银行提供贷款，银行再用这些资金去购买货币市场基金持有的资产。这就为货币市场基金提供了急需的流动性，使其能够满足投资者的赎回请求，从而有助于平息金融恐慌。

为了让大家对当时的情况有所了解，让我们来看看图 3–5。该图表示的是当时货币市场基金每天的资金净流入状况。货币市场基金整体规模高达两万亿美元。如图所示，在雷曼宣布破产后几天内，货币市场基金的净值跌破了面值（为每份 1 美元，即

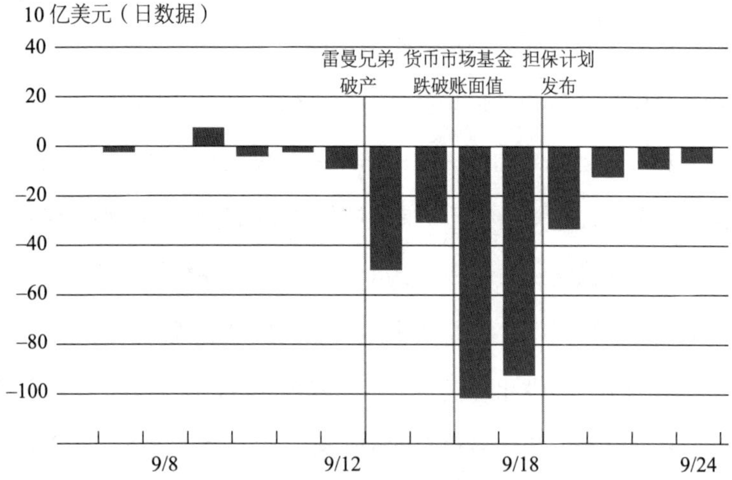

图 3–5　主要货币市场基金的资金净流入情况（2008 年 9 月 7 日~24 日）

资料来源：iMoneyNet，由美联储工作人员整理

投资者的认购价格)。在基金净值公布后两天内(即9月17日和18日),货币市场基金每天都面临大约1000亿美元的净赎回。两天之后(即9月19日),财政部公布了临时担保计划,美联储也开始为货币市场基金提供流动性支持。随后,就如大家所看到的那样,这场“挤兑”很快就平息了。这无疑是一个很典型的关于银行挤兑及后续政策反应的案例:向正在遭遇挤兑的金融机构提供流动性支持,以帮助其满足投资者的提现需求,同时向投资者提供担保,这样就能成功地平息挤兑。

但故事还远远没有结束,因为货币市场基金还持有很多商业票据。当货币市场基金遭遇巨额赎回时,它们不得不尽快抛售商业票据,结果是商业票据市场面临冲击。这个例子很好地向我们展示了金融危机是如何扩散的。雷曼倒闭,致使货币市场基金遭遇巨额赎回,继而又引发了商业票据市场震荡。所有事件之间相互联系,因此,想要维持整个金融体系的稳定相当困难。随着货币市场基金大量抛售商业票据,商业票据市场的利率飙升,想要发售期限超过1天的商业票据都非常困难,因为无人愿意认购。结果,企业的正常运营和金融机构的融资能力都大受影响。

于是,美联储再次根据“白芝浩原则”提出了特别计划。美联储基本上扮演了最后贷款人的角色,它当时表态:“尽管给企业贷款吧,如果出现兑付问题,我们会随时提供支持。”美联储的这一做法恢复了商业票据市场的信心。

图 3–6 是商业票据利率的走势图。从这张图中，可以再次看到当时市场的恐慌——利率飙升。但这其实还低估了当时的资金压力，当时很多企业无论以多高的利率都融不到资，即使能够融到，也只是隔夜或者期限很短的资金，而这在图中并没有反映出来。美联储的行动恢复了商业票据市场的信心，大家可以看到市场的反应，利率水平自 2009 年初开始回落。

注：图中为 A2/P2 级非金融商业票据和 AA 级非金融商业票据之间的息差。

图 3–6　2007~2009 年间短期借款成本

资料来源：美国证券托管结算公司

我和大家所讨论的这些内容，可能在报纸上并不常见。我当时致力于应对这些重要市场可能出现的问题，为金融机构提供广泛流动性以阻止市场恐慌情绪蔓延。除此之外，美联储和美国财政部也曾介入处理个别重要金融机构出现的问题。

我前面提到过，2008 年 3 月，美联储的一笔贷款促成了摩根大通对贝尔斯登的收购，避免了后者的破产。我们这么做，主要是基于以下原因：首先，当时金融市场已经非常紧张，我们担心贝尔斯登倒闭会加剧市场紧张情绪，从而引发全面的金融恐慌。其次，经过评估，我们认为贝尔斯登具备偿付能力。至少摩根大通这么认为，因此它愿意收购贝尔斯登，并保证承担其全部债务。因此，向贝尔斯登提供贷款符合美联储“所发放的贷款应当具备偿还可能性”这一要求。我们当时认为该贷款是相当安全的。

第二个例子是美国国际集团，它在 2008 年 10 月已濒临破产。美国国际集团是世界上最大的保险集团，机构组成非常复杂。作为一家跨国金融服务集团，它由很多部分组成，其中包括许多全球性的保险公司。这次出问题的是集团成员之一，即美国国际集团金融产品公司。它从事各类奇异金融衍生品业务和其他类型的金融业务，包括我曾提到过的向住房抵押贷款支持证券持有者提供信用保险的业务。因此，当住房抵押贷款支持证券价格下跌时，美国国际集团就陷入了巨大的麻烦之中。交易对手开始要求其偿付现金，或者拒绝为其提供融资，导致美国国际集团面临巨大的资金压力。

在我们看来，美国国际集团的倒闭基本上意味着末日到来。它不仅与众多企业相关联，还与美国和欧洲的金融体系及全球性银行联系紧密。我们非常担心，一旦美国国际集团破产，我们将再也无法掌控金融危机的走向。幸运的是，从最后贷款人理论的视角来看，尽管金融产品公司令美国国际集团严重亏损，但作为世界上最大的保险集团，后者还拥有大量的优质资产。因此，它可以通过将其优质资产抵押给美联储而获得贷款，以补充流动性，维持日常运营。

于是，为避免美国国际集团破产，美联储以其资产作为抵押，为其提供了 850 亿美元的贷款。随后，美国财政部也向它提供了支持。虽然饱受争议，但我们认为这么做是合法的。首先是因为这符合最后贷款人理论，这项贷款是有抵押的（实际上该项贷款现在已全部还清）。其次是由于美国国际集团是全球金融体系的重要组成部分。一段时间之后，美国国际集团的情况稳定了下来。它连本带息还清了美联储的贷款。虽然财政部还持有其大量股份，但美国国际集团也已经开始了对财政部的还款进程。

我想要强调的是，美联储被迫为贝尔斯登和美国国际集团所采取的措施，显然并非是未来进行金融危机管理的良方。首先，这种为阻止整个体系崩溃而不得不进行的干预，不仅相当艰难，还让人非常难受。显然，一个体系中若有一些企业“大而不倒”（too big to fail），那么这个体系一定存在某些根本性缺陷。如果一家企业的规模大到它认为自己一定会得到救助，这对其他企业就非常不公平。除此之外，“大而不倒”现象的存在还会激励这些大公司过度冒险，它们会说：“我们很愿意承担巨大风险。就像抛硬币，正面我赢，反面你输。如果赌对了，我们会赚得盆满钵满。如果赌错了，还有政府会救助我们。”这样的现象我们难以容忍。

2008年9月，我们就面临一个难题，当时我们已经没有任何法律或政策工具可用，没有办法在让贝尔斯登、美国国际集团和其他金融机构正常倒闭的情况下，保证金融体系的其余部分免遭太大伤害。两害相权取其轻，我们最终选择了不让美国国际集团破产（对其实施了救助）。话虽如此，我们仍想确保此类情况不再发生。我们想要确保金融体系有所变革，为的是以后再有类似美国国际集团这样的系统重要性机构面临此类压力时，能够以一种安全的方式倒闭。这样，这些企业到时就可以该倒闭就倒闭，并由其管理层、股东和债权人来承担错误决策的所有后果，而不用拖累整个金融体系。

最后，让我来简单讲讲这场危机的后果。美联储确实阻止了崩盘，成功避免了一场本来会发生的全球金融体系的崩溃。这显然是件好事。我和美联储一直都确信，一批大型金融机构倒闭，将会产生非常严重的副作用。但直到2008年9月，仍有人在争论：“你们为什么不让那些公司倒闭？它们可以走破产程序，但你们为什么不让它们破产？”我们从不认为让它们破产是个更优选择，因为整个金融体系崩溃将使我们面临格外严重的后果。

事实上，尽管我们阻止了一场金融体系的全面崩溃，但这场危机仍然对美国乃至全球经济造成了非常严重的影响。即便危机已经被控制住，美国以及全球大部分经济体在危机后都陷入了急剧衰退。美国GDP下降了5%以上，这是一场相当严重的经济衰退。850万人丧失了工作，失业率飙升至10%。

同时，正如我前面所说，这种情况不仅仅发生在美国。实际上，和其他国家比起来，美国的衰退幅度还只能算是一般水平。许多国家，尤其是那些依赖国际贸易的国家，经历了更严重的经济下滑。这是一次全球范围内的经济增长放缓。面对这一切，大家开始担忧另一次经济大萧条的来临。但20世纪初的“大萧条”比最近这次衰退要严重得多。我想，大家会逐渐认同，如果我们在2008年至2009年初没有采取强有力的政策措施来稳定金融体系，那么大家所面临的经济状况肯定会糟糕得多。

在结束本讲之前，我想通过几个指标来对本次衰退和“大萧条”时期进行一下对比。首先比较一下股价走势。图3–7描述的是股票市场的情况。浅色线的起点是1929年8月，当时股市正处于“大萧条”之前的峰值。黑色线表示本次衰退中的股价，以2007年10月为起点。这两条线分别显示了危机爆发后，标普500综合指数在“大萧条”时期和本次衰退中的走势。我们会惊讶地发现，在危机爆发的最初15~16个月内，股市在本次衰退中的走势与1929~1930年间极为相似。但之后，走势出现了分化。在“大萧条”时期，标普500指数继续下跌，最大跌幅达85%。相比之下，在最近这次危机中，自2009年初情况开始稳定以来，股市就开始

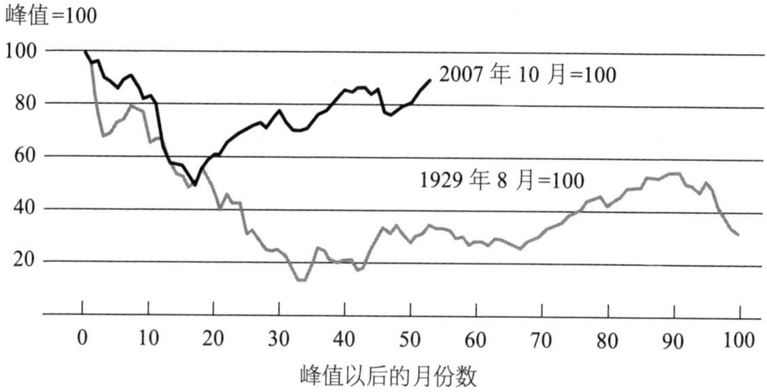

图 3–7　标普 500 综合指数在 1929 年和 2007 年达到峰值之后 95 个月内的走势对比

了漫长的持续回升过程，现在的标普 500 指数已经是 3 年前的两倍了。

图 3–8 描述的是工业产值，它是一种衡量产出的方式。黑色线和浅色线分别表示此次危机和“大萧条”时期的数据。我们可

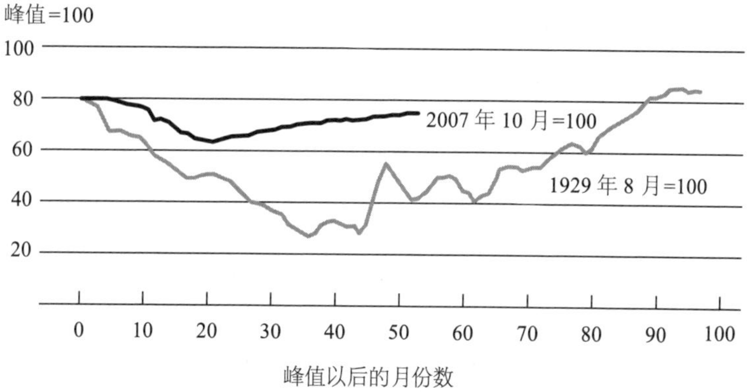

图 3–8　1929 年和 2007 年峰值之后 95 个月内工业产值的走势对比

资料来源：联邦储备委员会

以看到，在最近这次危机中，工业产值的下跌速度没有“大萧条”时期那么快，情况没有那么严重。在危机爆发15~16个月之后，工业产值的走势与股市所呈现的情况基本相同。2009年初，金融危机得到控制后，工业产值增速触底并开始步入稳定复苏通道。然而在“大萧条”时期，工业衰退持续了数年之久。

对 话

学生：在最近两讲中，您都提到奇异住房抵押贷款和次级住房抵押贷款的数量在持续增长。金融机构为何愿意承担如此大的风险，向那些信用状况很差的借款人放贷呢？如果他们预见到了房价会下跌，还会发放这些贷款吗？

伯南克：这里有几方面的原因。第一个原因很简单，就是这些金融机构可能对于房价上涨过度自信。当时它们可能告诉自己："房价会持续上涨。"在一个房价不断上涨的世界中，这些抵押贷款都算不上劣质品。因为此时借款人是有还贷能力的，他们能负担起第一年较低的还款额，之后在房价持续上涨的背景下，又可以通过再融资将原来的贷款转换成以后各年还款额更均匀的类型。这可能是人们实现有房梦的一种方式。但风险是房价不会一直上涨，最终事实也正是如此。

另一个原因是，对资产证券化产品的需求在此期间大幅增长。欧洲和亚洲客户带来了巨大的对优质资产的国际性需求。一向精明透顶的美国金融机构发现，它们可以通过金融工程的魔力，在各式各样的基础资产（无论是次级住房抵押贷款还是其他任何资产）之上，创设出一些AAA评级证券，出售给海外投资者或其他境内投资者。但不幸的是，有时剩下来卖不掉的那部分则由他们自己持有，或出售给其他金融机构。

以上就是当时金融市场上出现的种种倾向：金融机构对自身风险管理能力过度自信，人们坚信房价会持续上涨，银行认为抵押贷款可以轻易转售出去，国际客户对“安全性”资产存在大量需求。出于上述这些原因，如果房价确实能持续上涨，那么提供次级住房抵押贷款就是一项利润可观的金融业务。只有当房价下跌时，这项业务才可能会出现亏损。

学生：您谈到美联储的要务之一，是找出维持市场流动性的途径。这使我想到了“沃尔克法则”，因为据我所知，“沃尔克法则”禁止投资银行开展自营交易，但同时又为其做市业务留下了豁免空间。我个人认为这个豁免的考虑对做市商开展做市业务和寻找流动性非常重要。我想知道您对此怎么看。这看起来是不是相当有悖常理？

伯南克：“沃尔克法则”是多德–弗兰克金融监管改

革的一部分，而金融监管改革的具体实施是由美联储和其他机构来承担的。正如你所说，制定“沃尔克法则”的目的，是通过制止银行及其附属机构进行自营交易，即利用自身账户进行短线交易，来降低金融机构面临的风险。《多德–弗兰克法案》承认银行可能有正当理由，需要进行短期证券交易，并为此规定了一些特定的例外情形（如风险对冲）。其中一个例外情形是做市，即金融机构充当买卖中介，为某一市场创造流动性，“沃尔克法则”规定其免于适用。实施“沃尔克法则”的挑战之一就是要建立一套评判标准，允许银行开展可予豁免的业务（如做市和对冲），同时又将自营交易排除在外。这是非常困难的，而我们正致力于此。我们已经草拟了一项规则，并征集了数千条意见。目前，我们正在研究这些意见，以找出最好的解决方法。

但是你所提到的观点是，市场流动性很重要。金融危机中，市场缺乏流动性远比交易量不足还要严重。当大型金融机构找不到资金来支持其资产头寸时，它们最终只可能面临两种选择：要么因没有足够资金偿债而违约，要么就像很多机构一样，通过尽快出售资产来偿债。而后者会导致恐慌蔓延。如果商业房地产债券市场出现巨额卖压，这些债券的价格就会大幅下跌。因此债券持有机构的财务状况会恶化，从而承受巨大压力。

我在讲座中没有使用“传染性”这个词。就像传染病一样，这里的传染性指的是恐慌、恐惧由个别机构向其他机构蔓延，由个别市场向其他市场蔓延的现象。在许多金融危机中（当然也包括这次危机），传染性都是一个关键性问题。它是导致融资压力在企业之间传导，并引发广泛性后果的机制之一。

学生：我想问一个关于金融危机中全球合作的问题。您谈到过2008年的西方七国首脑会议，具体一点儿说，当跨国公司处于破产边缘时，比如在讨论是否救助美国国际集团时，有没有面临来自国际社会的压力？

伯南克：没有面临任何实质上的压力。所有的事情都发生得太快。但我认为在处理某些跨国公司的问题上，国际合作不如我们所期望的那样理想。比方说，在处理雷曼兄弟破产事件时，英美之间就出现了分歧，这些分歧最后给雷曼的债权人带来了麻烦。

因此，就像我之前讲过的，我们目前正致力于依据《多德–弗兰克法案》来制定相关规则，让这些大型金融企业也能破产，同时又不会带来太大的副作用。但问题的复杂性在于，适用于这些规定的大型跨国企业，往往不只在两三个国家，而可能是在几十个国家经营。因此，我们正在同其他国家一同探讨如何通过多边合作来让大型跨国企业尽量安全地倒闭。我们在此次危机中尝试过专项合作，也与英国和其他地区的监管机构保持了联系。但由于时间窗口太短且准备不足，我们做得并不够。若能有更长的处理周期，我们会合作得更好。因此，我认为这是国际合作的一个弱点所在。

大多数情况下，跨国金融机构出现问题时主要由其总部所在国进行处理，该国也会与其他国家进行合作。例如，美国国际集团是一家美国企业，由美联储来处理；而德克夏银行作为一家欧洲银行，则由欧洲人处理。各国央行间也有着诸多合作。举个例子，许多欧洲银行因发放美元贸易贷款或持有其他美元资产而存在美元需求，但欧洲央行却无法提供美元。因此，美联储就与欧洲央行开展了货币互换，即美联储向欧洲央行提供美元，同时后者向美联储提供欧元。欧洲央行将获得的美元借给它们所认可的欧洲银行，来缓解世界各地的美元融资压力。由于近期欧洲出现了新的问题，这些货币互换现在仍然存在。这是国际协作的重要范例。此外，在2008年10月危机恶化之时，美联储和其他五国央行均在同一天宣布降息，这表明我们在货币政策方面也有所协作。我们如今还在其他领域（如跨国金融机构方面）进行合作，但对这些领域问题的处理还需要做更充分的准备，才能很好地发挥国际协作的效用。

学生：您能否详细解释一下表外工具的运用？如此多的信息，监管机构为何允许银行不在表内予以披露？

伯南克：这主要是和会计准则有关。银行可能是此类独立机构的重要利益方。例如，银行可能拥有部分所有权，或者银行可能对该机构做出了承诺，比如在其经营困难时提供信贷支持，或在其缺乏资金时提供流动性支持。在如今的会计准则下，如果银行对表外工具的控制力十分有限，那它就可以将其作为一个独立机构，不并入资产负债表。与并表相比，放在表外可使银行在扩大业务规模时所需要的资本储备更少。

但危机发生以来出现了一个良好态势，即有关机构已经对相关会计准则进行了修订，许多危机前建立的表外工具将不被允许存在。它们将被并入银行资产负债表，而且银行需持有相应的资本储备。这些表外工具并不会完全消失，但新的会计准则将会对银行将表外资产放入独立投资工具的做法进行更严格的约束。

学生：您曾讲过几家大型金融机构在2008年面临巨大压力，也提到过美联储的“大而不倒”理论。那么，对银行施以援助或任其倒闭的界线在哪里？美联储的这种决策是随机的，还是有一套明晰的行事规则？

伯南克：这个问题很好。首先，我不同意用“理论”这个词。这些机构是在全球金融危机背景下才呈现出“大而不倒”特性的。我们做出“大而不倒”的判断是基于这些机构的规模、复杂性和相互关联性等因素。我们从来不认为这是件好事。金融改革的主要目标之一就是破除“大而不倒”的怪圈，因为它的存在对整个金融体系不利，对这些机构本身也不利。从许多方面来讲，“大而不倒”现象都是不公平的。破除这个怪圈将是一个伟大的成就。因此,“大而不倒”并不是我们所提倡或支持的。但在当时的情形下，我们不得不做出如此选择，因为在众多可选方案中，这是危害性最小的一个方案。

在危机中，我们必须根据每个案例的具体情况做出判断，我们也尽可能持保守态度。对于美国国际集团这个案例，当时我们脑海中确实没有太多疑问。对于它，只要有任何救助的可能性，采取相应行动就是必要的。雷曼兄弟也存在“大而不倒”的特性，它的倒闭也会对全球金融体系带来巨大的负面影响。但我们对其却无能为力，因为雷曼兄弟实际上已经丧失了清偿能力。它已经没有足够的资产可抵押给美联储，以获得相应贷款。我们又不能为一个资不抵债的企业注入资本。同时，这也发生在不良资产救助计划（TARP）出台之前，否则财政部就可以使用该项计划下的资金施以援助。因此，当时我们没有合法的途径来救助雷曼兄弟。如果当时有办法可以阻止它破产，我们一定会这么做的。在我们进行干预的两个案例中（即贝尔斯登和美国国际集团），我们是基于企业本身质量和当时环境这两方面因素综合考虑，才做出了明确判断。

有趣的是，金融危机后我们不得不在这个问题上进一步深入研究，因为众多规则和条例都要求美联储和其他监管机构就一家金融机构的系统重要性做出判断。举个例子，《巴塞尔协议Ⅲ》提出了新的资本要求。对具有系统重要性的大型银行，要求有附加资本，即它们必须比系统重要性弱一些的银行持有更加充足的资本。在实施该规定的过程中，国际银行业监管机构须通力合作，建立起一套关于规模、复杂性、相互关联性和衍生品业务开展情况的标准，以及其他一系列标准，据此来判断这些大型银行须持有多大规模的额外资本。同样，当美联储决定是否批准两家银行合并时，现在必须评估合并后的实体是否会成为一家对金融体系更具危害性的银行。因此我们努力探索并提出了多项标准，包括制定了几项量化的门槛值。我们尝试根据这些门槛值，来判断某项兼并是否会产生一家系统重要性银行。如果会的话，那我们将很可能不会批准该项并购。

解决这些问题的科学方法目前虽处于起步阶段，但一直在不断向前发展。我们对此也非常重视。实际上，现在美联储已经更加专注于金融稳定，我们有一整个部门的工作人员，都在忙于通过各种计量指标，来识别整个金融体系所面临的风险以及可能会给整个体系带来风险的金融机构。这些系统重要性金融机构将受到特别严密的监管，并须持有额外资本。

学生：您曾提到一个漏洞，即信用评级机构会对那些安全性原本达不到AAA评级要求的证券给予AAA评级。如此一来，买方看起来会承担过多的风险，因此他们会有一致的动机去寻求更准确的评级结果。在不当评级被允许广泛存在的背景下，如何促使信用评级体系内部形成一致性激励？这是不是一个系统性难题？

伯南克：是的。这里存在一些激励问题，你提到了其中一个，即你认为应该由买方而非卖方来雇用评级机构并支付评级费用。买方应当联合起来，向就证券信用质量做出客观评价的评级机构支付相关费用，这才符合买方自己的利益，因为他们是最终的风险承担方。

不幸的是，这个模式行不通。原因就在经济学家所称的“搭便车”问题上。试想一下，5个投资人联合起来，聘请标准普尔为某一证券进行评级，并支付相关费用。除非该评级结果对外能完全保密，否则其他人就会对该评级信息加以利用，却不用负担相关费用。

关于如何改变支付方式以对评级机构形成更好的激励，有很多思路涌现。这也是个比较有挑战性的问题。投资者支付评级费用的解决方式虽然“显而易见”，但只有在投资者能分担评级成本并保证评级信息不外泄的前提下才行得通。

THE FEDERAL RESERVE AND THE FINANCIAL CRISIS

第四讲

危机的后遗症

本讲要讲的是金融危机的后遗症。回顾一下，上一讲我讲过在2008年底到2009年初危机最紧张的阶段，美国和其他工业化国家处于金融恐慌之中；全球金融体系的稳定性受到了严重的威胁；美联储扮演最后贷款人的角色，与其他机构合作，为关键机构提供了短期流动性。

回顾历史，目前我们可以得出这样的结论：除了一系列临时的、前所未有的行动外，美联储的反应与中央银行的历史角色并无太大差别，都是充当最后贷款人来抑制恐慌。这场危机的不同之处在于体制结构上的差别。危机并不是发生在银行与储户之间，而是发生在经纪交易商与回购市场、货币市场基金与商业票据之间。但是，提供短期流动性以阻止恐慌的基本理念，仍然停留在白芝浩1873年所著的《伦巴第街》中所设想的阶段。

我一直在谈美联储的作为，但是美联储并非独自发挥作用。美联储与美国其他机构以及境外当局有着密切的协作关系。比如，美国国会通过了不良资产救助计划立法后，财政部开始介入。财政部负责确保银行拥有充足的资本金，而且美国政府在许多银行临时性地参股。现在，所有这一切都发生了逆转。联邦存款保险公司发挥了重要作用，特别是在取消了对交易账户 25 万美元的存款保额上限之后。它还为那些想要发行最高三年期公司债券的银行提供担保。它提供保险服务并收取一定费用，从而使银行获得长期的资金来源。这就是美联储与美国其他机构的协作努力。

美联储还与境外机构保持密切协作。上次我提到货币互换，正是美联储与境外中央银行紧密合作的项目之一。货币互换后，这些境外中央银行承担风险，将美元贷给需要美元融资的金融机构。当然，合作应对危机的过程中，美联储也与各国的财政部和监管机构保持密切联系。

其实，光是扑灭最凶猛阶段的大火还不够，还需要后续的努力以增强银行和金融体系的稳定性。例如，一次非常成功而且非常具有建设性的行动就是，美联储与其他金融机构合作，在 2009 年春对美国最主要的 19 家大型银行进行了压力测试。这正是危机最紧张阶段过去后不久。有史以来第一次，我们向市场披露了最主要银行的金融头寸。这些压力测试的结果表明，即使经济金融状况再度恶化，我们的银行也能够生存下去，从而大大增强了投资者的信心，使银行能够筹集大量私人资本，并且在一定程度上取代了在危机期间从政府手中获得的资金。压力测试后来得到延续。就在几周前，美联储还开展了另一轮压力测试，这是一轮要求严格的压力测试。我们的银行表现非常好。2009年以来，它们筹集了大量资金。从各个方面来看，银行的资本都比危机之前更加充足。

总之，我们正在采取措施，使银行逐步恢复到充分贷款模式。目前这些措施还在实施过程中，但是恢复金融体系的完整性和有效性无疑是回到一个更加常态的经济状况所不可或缺的部分。

扑灭金融危机之火

正如我在前面花一定篇幅谈过的，这些计划看起来还是有效的。各类金融机构的挤兑得到遏制，金融市场功能得到恢复。这些计划主要是在2008年秋制订的，多数在2010年3月就逐步停止了。事实上，计划停止的方式有两种。

第一种，有些计划自然终止。但更常见的是在为金融机构提供贷款、增加流动性时，美联储收取的利率低于危机利率（即恐慌利率），但高于正常的利率。所以，当金融体系稳定下来、利率恢复到正常水平时，美联储的贷款从经济上或财务上就变得没有吸引力了，项目自然会终止。我们甚至不必主动停止这些项目，它们自然而然就不再发挥作用。

美联储在最后贷款人项目中承担的财务风险非常小。如我所说，贷款多数是短期的，而且大多数情况下都有抵押支持。2010年12月，我们向国会报告了危机期间美联储贷出的21000笔贷款的所有细节。这21000笔贷款的违约率为零，每一笔都偿还了。所以，虽然项目的目的是稳定金融体系而不是赢利，但是纳税人实际上从这些贷款中实现了赢利。

以上就是最后贷款人所做的工作，即用消防水管扑灭金融危机之火。然而，尽管危机得到遏制，它对美国乃至全球经济造成的后果仍非常严重。我们还需要采取新的行动来帮助经济恢复增长。记住，中央银行的两大基本工具是最后贷款人职能和货币政策，现在我们就来探讨第二种工具——货币政策。货币政策是遭受金融危机重创之后使经济走上复苏轨道所采用的主要工具。

传统的货币政策涉及隔夜利率的管理。隔夜利率又称联邦基金利率。通过提高或降低短期利率，美联储可以影响更大范围的利率。反过来，这些政策会影响消费者支出、房屋购买、企业资本投资等，并为经济产出增加需求，这可以刺激经济恢复增长。

关于体制方面，我简单说几句。货币政策是由联邦公开市场委员会执行的，该委员会每年在华盛顿召开8次例会。在危机期间，偶尔也会召开视频会议。联邦公开市场委员会会议由19名委员组成，其中包括：7名理事会成员，由总统提名、参议院批准；12名联邦储备银行行长，由当地储备银行董事会提名、华盛顿的理事会批准。因而，每次会议都由 19 名委员参加，所有人都参与货币政策的讨论。

投票制度稍微有些复杂。在任何一次会议上，只有 12 名委员能够投票。7 名理事会成员每次会议都可以投票，即拥有永久投票权。纽约联邦储备银行行长也有永久投票权，该传统自体制设立之初便存在，而且符合纽约作为美国金融中心的事实。至于另外 4 票，则根据轮换制度确定：每年，其余的 11 名联邦储备银行行长中的 4 位具有投票权，下一年另外 4 位投票，以此类推。因而，每次会议或者每次货币政策的决策都有 12 人投票，但是整个小组都参与讨论。

图 4–1 所示为联邦基金利率，该短期利率是美联储实施货币政策的常用工具。大家可以看到，在 2006 年格林斯潘和我的任期交替之际，美联储正在提高联邦基金利率，试图使早先为应对 2001 年经济衰退而制定的宽松货币政策逐渐正常化。但是，到了 2007 年，随着次级抵押市场问题的出现，美联储开始下调利率。大家可以从图的右侧看到，利率急速下跌。到了 2008 年 12 月，联邦基金利率降低到 0~25 个基点的范围内。1 个基点是 1%的 1%，所以 25 个基点就是 1%的 1/4。到了 2008 年 12 月，联邦储备基金利率基本下降到 0，显然利率已经不能再下调了。

所以，到了 2008 年 12 月，传统的货币政策已经用尽了。我们已经不能再下调联邦基金利率了。然而，经济显然还需要额外

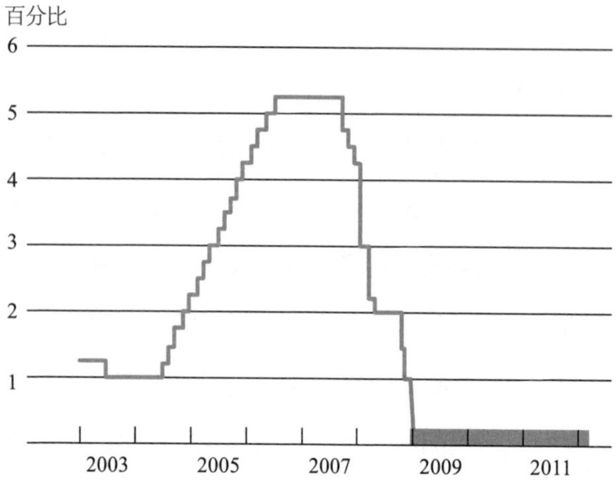

图 4–1　2003~2011 年间联邦基金利率

资料来源：联邦储备委员会

的支持。进入 2009 年，经济仍然在急剧衰退。我们需要一些其他的政策来支持经济恢复，于是我们转向了非传统的货币政策。我们采用的主要工具是大规模资产购买计划，即媒体和其他地方所说的量化宽松。这些大规模资产购买计划是宽松货币政策的替代方案，为经济提供支持。

那么，它是如何发挥作用的呢？为了影响长期利率，美联储开始大规模购买国债和政府支持型企业抵押的相关证券。这里要澄清一下，美联储购买的都是政府担保证券，或者是国债，即美国政府债务，或者是“两房”证券。“两房”自被接管后，就由美国政府担保。

主要的大规模资产购买计划有两轮，第一轮于 2009 年 3 月开始实施，常被称为QE1；第二轮自2010年11月开始实施，被称为QE2。此后还有过几次额外的变化，包括一个延长现有资产期限的计划。但是，这两轮购买计划无论是规模还是对美联储资产负债表的影响都是最大的。总之，两轮计划给美联储的资产负债表增加了两万多亿美元。

图4–2显示了美联储资产负债表的资产方，方便我们理解大规模资产购买计划的影响。最底层是日常持有的证券。很明显，即使在正常环境下，美联储也会持有数量可观的美国国债。在金融危机开始前，我们拥有价值超过8000亿美元的美国国债。我们并非从零开始购买证券，而是一直都拥有大量的国债。因而，最底层是我们开始的基线。

在此期间，美联储资产负债表的资产方还有哪些项目呢？日常持有的证券上方的黑色区域代表美联储在危机期间获得的资产或提供的贷款。大家可以看到，2008年末，金融机构未偿还贷款和其他项目急速增加。但是，大家也可以看到，随着时间的推移，到2010年初，这些增强金融实力的举措大大减少。

如图4–2最右侧所示，你会发现近期有一段小的凸起，那些资产就是货币互换。美联储和欧洲央行以及多家大型央行建立并拓展了互换协议，其中部分互换协议是为了减轻欧洲的压力，表现在图中就是最右端的那一小段凸起。话说回来，在危机初期美联储拥有大约8000亿美元国库券。但是，大家从图中标有“大规

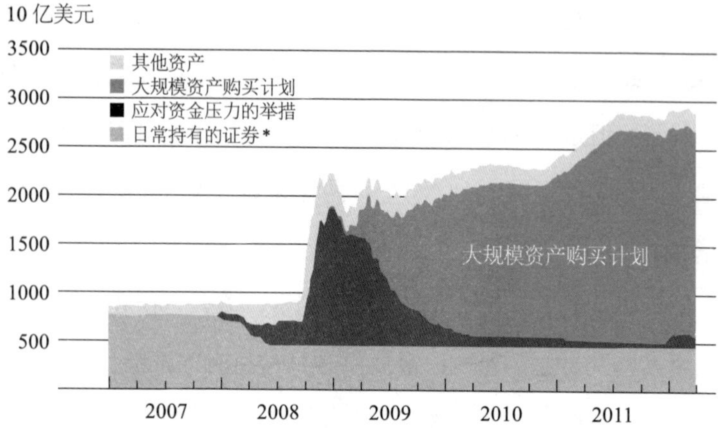

*“日常持有的证券”反映了 2008 年 11 月 28 日前持有的国债，此后持有量保持不变。

图 4–2　2007~2011 年间美联储资产负债表的资产方

资料来源：联邦储备委员会

模资产购买计划”的区域可以看到，从 2009 年初开始，美联储新增了大约两万亿美元的证券到资产负债表。最上面那部分是其他资产，包含很多种类，如证券储备、实物资产以及其他杂项。

为什么美联储要购买这些资产呢？顺便插一句，这是米尔顿 · 弗里德曼和其他货币学派学者所提到的，他们的基本观点是，当你购买国债或者政府支持型企业证券并把它们写进资产负债表时，市场中可供应的同类证券就减少了。如果投资者想要持有这些证券，就必须接受较低的收益率。换句话说，如果市场中可供应的同类证券减少了，投资者就会愿意为这些证券支付更高的价格，这与收益率是相反的。

因而，通过购买国债、写入资产负债表、减少这些国债的有效供给，我们有效地降低了长期国债和政府支持型企业证券的利率。而且，当投资者的投资组合中不再有国债和政府支持型企业证券时，他们就不得不转向其他类型的证券，比如公司债券，而这将提高其他证券的价格，降低其收益率。所以，这些行为的净效应是降低大范围内证券的收益率。通常，较低的利率对经济增长具有有益的刺激效应。

因此，这实际上是另一种货币政策：我们聚焦在长期利率，而不是短期利率上。但是，这里的基本逻辑是一致的，都是降低利率，刺激经济增长。

你可能会问："美联储购买了两万亿美元的证券，那用什么支付呢？"答案是，通过贷记出售证券给美联储的人的银行账户来支付这些款项。这些银行账户是银行在美联储中持有的储备。美联储是银行的银行。实际上，银行可以在美联储开立储蓄账户，这些账户被称为储备账户。所以，当购买证券的交易发生时，我们支付的方式只是增加银行在美联储账户的储备数量。

图 4–3 显示了美联储资产负债表的负债方。当然，资产和负债（包括资本）必须相等。所以，大家可以看到，负债方也必须提高到将近 3 万亿美元。看这个图时，请大家首先看最底层，那是通货，即流通中的美联储票据。有时候大家会听到这样的新闻，即美联储正在印钞票来支付获取的证券。但是，从字面的实际含

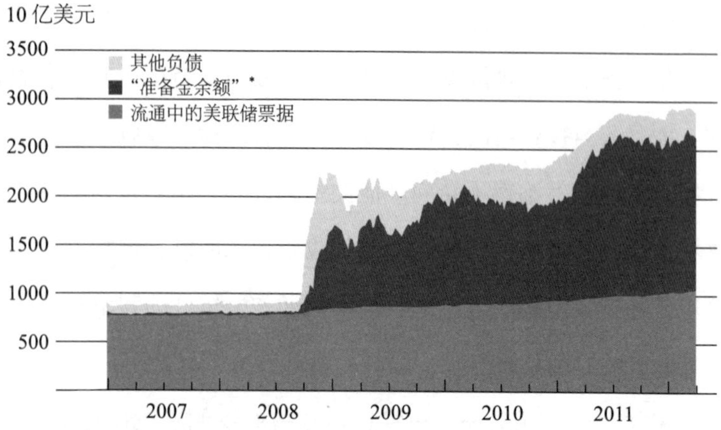

*"准备金余额"为储蓄机构持有的定期存款和其他存款。

图 4–3　2007~2011 年间美联储资产负债表的负债及资本

资料来源：联邦储备委员会

义来看，美联储并没有印钞票来获取这些证券。大家可以从这里的资产负债表看出，这一层基本上是平的，流通中的货币量并不受这些活动的影响。

真正受影响的是最底层上面的那一层，即准备金余额。那些是商业银行持有的美联储账户，属于银行系统的资产、美联储的负债，我们就用这些来支付购买的证券。银行系统有大量类似的准备金，它们以数字化形式存放在美联储，基本上只是存放在那里，既不流通，也不属于任何广义的货币供给的一部分。它们是货币基础的一部分，但毫无疑问不是现金。接下来，最上面那一层是其他负债，包括国债账户以及其他美联储负债。美联储充当着财政部的财务代理。但是，大家可以注意到，最主要的两项还是流通中的票据和银行持有的准备金。

那么，大规模资产购买计划或者说量化宽松到底是怎么回事呢？我们实施这项政策时，期望它能够降低利率，后来证实这差不多成功了。比如，30 年期抵押贷款利率降至 4%以下，这是历史最低点，而其他利率也都下降了。企业需要支付的债券利率也下降了，不仅基础安全利率下降了，而且企业债券利率和国债利率的利差也下降了，反映出金融市场对整个经济的信心提升了。从我的观点和美联储的分析来看，长期利率的下降对经济复苏和增长有提振作用。

然而，上述政策对房价的影响比我们期待中的要小得多。虽然我们已经把抵押贷款利率降到很低，以为这会刺激楼市，但是楼市依然没有回暖。

政策的指引者

美联储有双重使命，我们常常有两个目标：其中之一是就业最大化，我们解读为保持经济增长并最大限度地发挥其能力，而低利率是刺激经济增长、使人们重新就业的一种方式。美联储的第二个使命是保持物价稳定，维持低通货膨胀。在维持低通货膨胀方面我们做得非常成功。这里要特别感谢沃尔克和格林斯潘，他们使我的工作做起来更容易，因为他们已经让市场相信美联储承诺保持低通货膨胀。而在过去 30 年左右的时间内，美联储也树立了很高的信誉。因此，市场坚信美联储将会维持低通货膨胀，对通货膨胀的预期一直维持在低水平。总体来说，除了石油价格波动偶尔造成的起伏，通货膨胀一直稳定在较低水平。

在保持低通货膨胀的同时，我们还要确保通货膨胀不会为负。尤其是在 2010 年 11 月，第二轮量化宽松期间，出现了通货膨胀一直在下降的担忧。通货膨胀已经低于正常水平，人们担心通货膨胀为负甚至出现通货紧缩。日本经济多年来受通货紧缩困扰，前几讲谈到“大萧条”时我已经讲过通货紧缩的坏处。我们当然希望避免通货紧缩。所以，货币宽松的存在保证了经济不至于太弱，从而规避了通货紧缩的风险。

再说一个关于大规模资产购买计划的想法。许多人分不清货币政策和财政政策。财政政策是联邦政府支出和税收的工具，货币政策与美联储对利率的管控有关，它们是完全不同的政策工具。特别是，美联储为支持大规模资产购买计划或者量化宽松计划而购买大量资产的举措算不上政府开支。不作为政府支出出现是因为我们并没有真正在花钱。我们购买的是资产，在未来的某个时点会出售给市场，所以这些花销会赚回来。事实上，因为美联储可以从持有的证券上获取利息，我们实际上已从大规模资产购买计划项目上赚取了可观的利润。过去 3 年间，我们向财政部输送了大约 2000 亿美元的利润。这些资金直接减少了财政赤字。因此，这些行为不仅不会增加财政赤字，反而是在大幅削减赤字。

当短期利率的调控空间被耗尽后，我们的主要工具就是大规模资产购买计划。此外，另一个我们也会用到的工具是针对货币政策进行对外沟通。当我们可以清晰地传达货币政策时，投资者就能更准确地理解我们的目标和计划，届时货币政策也会更加有效。美联储做出了很多努力，以使货币政策更加透明，从而确保人们理解我们要达到的目标。

例如，在一年四次、每次持续两天的联邦公开市场委员会会议之后，我都会召开一个记者招待会，回答关于货币政策制定的问题。对于美联储来说，这是一个试图解释我们政策的尝试。

为了更清晰地传达政策意图，我们近期采取的另外一个举措是对外发表一份描述货币政策基本执行方法的声明。需要特别说明的是，我们第一次对价格稳定性给出了数值定义。其实世界上很多中央银行都已经有了对价格稳定性的数值定义。在声明中，我们把物价稳定定义为2%的通胀率。这样，市场就会知道，在中期内，美联储试图把通胀率控制在2%以内，同时也试图实现经济增长率和就业率的目标。

最后，美联储已经开始为投资者和公众提供指引，即鉴于目前对经济的看法，我们在未来如何调整联邦基金利率，其实这是在告诉市场我们所认为的利率走向。在某种程度上，市场将更好地理解我们的计划，这有利于减少金融市场的不确定性。我们的政策在某种程度上比市场预期更加激进，我们也将倾向于放松政策条件。

缓慢复苏

经济衰退，即严重的经济紧缩时期，正式结束了。国家经济研究局明确定义了这次衰退开始和结束的日期。在成为政策制定者之前，我曾是该委员会的一员。他们认定这次衰退开始于 2007 年 12 月，结束于 2009 年 6 月，是一次持续时间较长的衰退。当他们说衰退结束的时候，一般并不意味着经济回到常态，而只是意味着经济紧缩停止，经济开始再次增长了。到现在为止，经济已经持续增长了将近 3 年，年均增长率为 2.5%。但正如我所说，我们离常态仍有一定距离。因此，当我们说经济走出衰退期时，并不代表经济已经很好，而只是说，经济不再紧缩，重新回到了增长的轨道。

图 4–4 展示了经济缓慢复苏的过程，其中深色线为 2007 年以来实际 GDP 的变化轨迹。阴影部分显示了国家经济研究局所定义的衰退时期。从图中可以看到，经济衰退始于 2007 年 12 月，实际 GDP 就是从那个时候开始下降的。2009 年中期，衰退正式结束。从那时起，随着实体经济的扩张，深色线开始向上爬升。

从图 4–4 中，大家也可以看到一个比较。假设经济从 2009 年

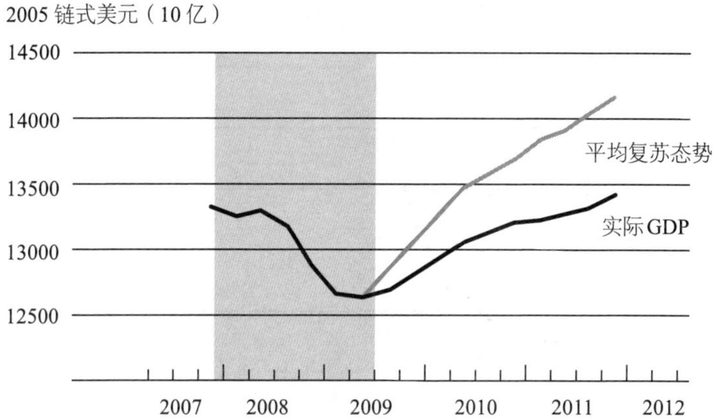

注：阴影部分代表国家经济研究局所定义的衰退期，平均复苏态势用国家经济研究局定义的 1949 年低谷期后的季度平均增长率计算得出。

图 4–4 2007~2012 年间实际 GDP

资料来源：经济分析局

中期开始以“二战”后的平均增长率复苏，那么这个平均复苏态势就会如图中的浅色线所示。我们可以看到，这次衰退的实际复苏增长率（深色线）低于“二战”后的平均增长率（浅色线）。实际的情况甚至更糟糕，因为在某种程度上，这是“二战”之后经济最严重的衰退。因此，大家可能会期望当经济恢复常态后，经济会复苏得快一些，但实际上本次复苏要比战后其他复苏时期缓慢。

缓慢复苏还反映在失业率的缓慢下降上。从图 4–5 中可以看到，失业率在衰退期急剧上升，到达 10%左右的峰值，然后缓慢下落到现在的 8.3%左右——这个数字仍然很高。图 4–6 显示了单个家庭住房的开工量。如前所述，房地产在经济衰退之前就已经

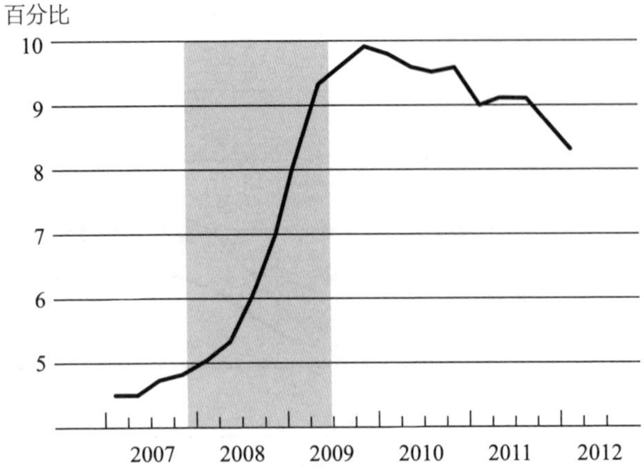

注：阴影部分代表国家经济研究局所定义的衰退期，2012 年第一季度的值为 2 月的数据。

图 4–5　2007~2012 年间失业率

资料来源：美国劳工统计局

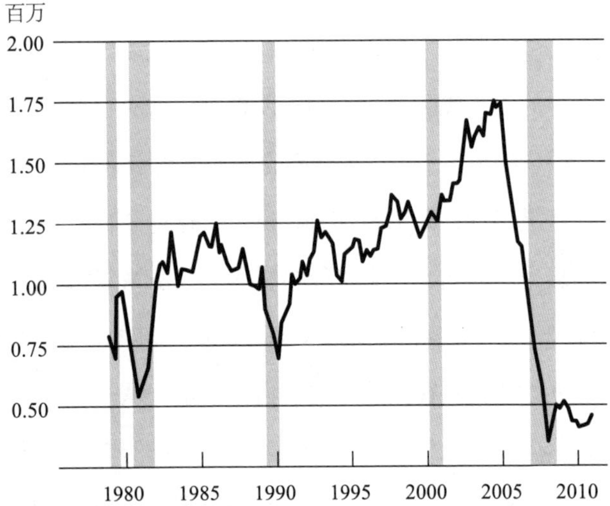

注：阴影部分代表国家经济研究局所定义的衰退期。

图 4–6　1979~2011 年间单个家庭住房开工量

资料来源：美国人口调查局

开始崩溃。楼市崩溃是此轮经济衰退的导火索。从图中可以看出，房屋建设量自 2005 年开始急剧下滑。虽然近两年降幅收窄，但房地产市场仍未恢复。

为什么这次经济恢复的速度比以往要缓慢呢？其中一个原因就是房地产市场复苏很缓慢。在往常的复苏中，房地产都会很快回到常态，这是整个复苏过程中的一个重要部分。建筑工人重新开始工作，相关产业如家具业、家用电器业开始扩张，这些都是复苏过程的一部分。但是这一次没有出现这样的现象，为什么呢？

房地产市场中仍然存在很多结构性因素，这些因素阻碍了更加强劲的复苏。在供给方面，房屋的超额供应量和空置率依旧很高。图 4–7 显示了美国的房屋空置率，这里所指的空置房屋包括

注：阴影部分代表国家经济研究局所定义的衰退期。

图 4–7　1980~2010 年间美国单个家庭住房空置率

资料来源：美国人口调查局

被取消赎回权的房屋和卖方无法找到买家的房屋。从图中可以看到，衰退期空置率峰值超过 2.5%。虽然目前空置率有所下降，但仍处于正常水平之上。市场上大量的房屋导致了供给过剩和房价下跌。

在需求方面，你或许会认为许多人都在买房子，因为现在的房价大家负担得起。房价大幅下跌，住房抵押贷款利率又低。因此，如果你有能力买房，只要支付月供，就可以比几年前更容易买到房。但是，要想从低房价和低利率中获利，前提是你可以获得住房抵押贷款。图 4–8 展示了住房抵押贷款市场的情况。底部的线为获取房贷者信用评分的 10 分位水平，顶部的线为 90 分位

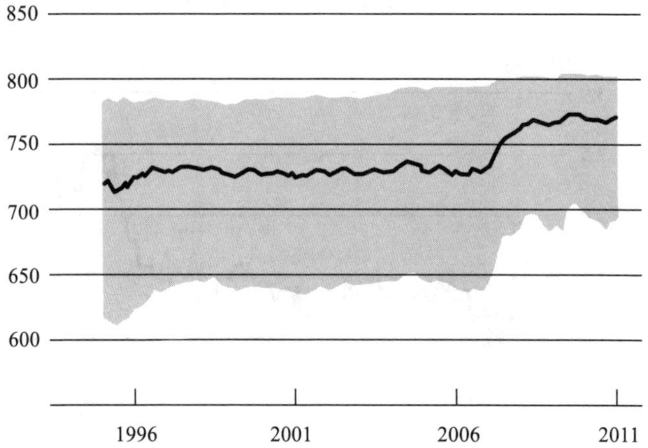

注：阴影部分表示信用评分的 10~90 分位点，深色线表示中位数。

图 4–8 1995~2011 年间新增抵押贷款的信用评分

资料来源：LPS 应用分析公司

水平。可以看出，在经济危机以前，信用评分相对较低的人也可以获得住房抵押贷款。然而，经济危机以来，底部的阴影区域被整个儿砍掉了，这意味着信用评分较低的人——尽管700并不是一个糟糕的信用评分——无法获得住房抵押贷款。总的来说，房贷的状况比原先紧张了许多。因此，尽管人们负担得起房价和月供，但很多人却无法获得住房抵押贷款。

伴随着房地产市场上的过量供应，同时又有很多人无法获得房贷或者害怕回到房地产市场，所以房价一直在下跌，情况如图4–9所示。近期，我们可以看到一些趋稳的迹象，但到目前为止还没有太多上升的迹象。持续下跌的房价意味着建造新房子无利可图，因此建设活动开展得非常少。现在更普遍的情况是，当业

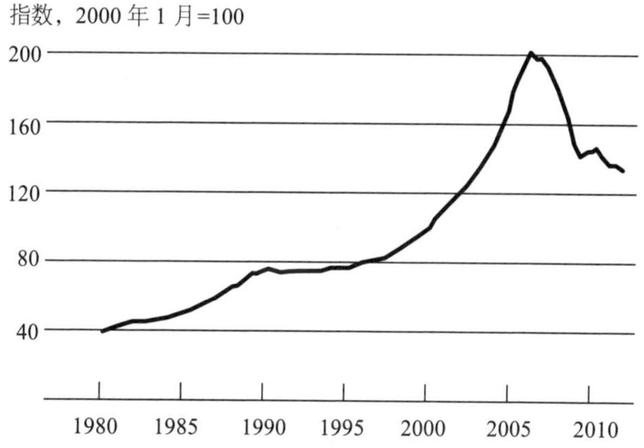

注：只包括购买交易。

图4–9 1980~2012年间现有单个家庭住房价格

资料来源：美国房地产数据分析公司CoreLogic

主看到他们房子的价格下跌时，这或许意味着他们无法获得与房屋净值相等的信用额度贷款，也意味着他们感到更加贫穷。这不仅影响了他们的房地产投资行为，也影响了他们购买其他商业服务的意愿和能力。因此，从某种程度上来说，房价的下跌或者股价的下跌，都是消费者更谨慎和更不愿意消费的原因之一。

房地产市场衰退是这次经济危机的一个主要原因。另外一个因素是金融危机及其对信贷市场的影响。这也是经济复苏比我们预期缓慢的另一个原因。如前所述，美国银行系统比3年前更加稳固。2009年以来，银行系统中的资本量几乎增长了3000亿美元，这是一个非常显著的增长。总的来说，我们看到信贷条件有所放松，银行在很多领域的信贷都有所增长。因此，在银行信贷方面确实有所好转。

然而，不少领域的信贷状况依旧较紧。我已经谈论过房贷——如果你的信用评分不尽如人意，那在这个时候你就很难获得贷款。在其他领域，例如小企业，同样也难以获得贷款。众所周知，小企业是工作岗位的重要创造者，因此，无法开办一家小企业或小企业无法获得贷款以扩大规模是工作岗位增长缓慢的重要原因。

另外，欧洲的情况也在影响着美国的金融和信贷市场。欧洲金融危机与美国一样非常严重，现在已经进入第二个阶段，很多国家的偿付能力问题——对于希腊、葡萄牙、爱尔兰等国家能否支付其债务的担忧——已使欧洲的金融体系承受着高压。欧洲国家的情况提高了金融市场的风险厌恶水平及波动性，对美国产生了消极的影响。

我们从中可以吸取一个教训：货币政策虽然是强有力的工具，但无法解决存在的所有问题。尤其需要提及的是，我们在经济复苏中看到的一系列与房地产市场、抵押信贷市场、银行、信用展期以及与欧洲形势相关的结构性问题，都需要其他类型的政策——财政政策、房地产政策或其他任何政策——来促使经济回归正轨。美联储可以提供经济刺激，可以提供低利率，但货币政策本身无法解决结构性问题、财政问题以及其他影响经济的重要问题。

情况不容乐观。复苏到我们原来的水平需要花费一段时间，而要到达我们的理想水平还有很长一段路要走。我们来谈谈有关长期的话题。这次危机确实让美国经历了一个巨大的创伤，其影响非常深远。许多人已经失业了很长一段时间，其中40%以上的失业人口已经失业了6个月以上。如果你失业了6个月或一年甚至两年，你的技术会开始生疏，你的再就业能力也会下降，这显然是一个问题。此外，美国在危机之前就面临着很多其他的问题，比如联邦预算赤字，这些问题依然存在。事实上，经历了衰退之后，这些问题已经恶化了。显然，这些都是阻碍经济发展的不利因素。

即便如此，我认为很重要的一点是，要明白我们的经济在过去经历过许多短期冲击，尽管有一些冲击持续时间较长，但经济总能复苏。我们的经济有许多优势。美国是世界上最大的经济体，尽管美国只占全世界6%甚至更少的人口，但却贡献了全世界20%~25%的产出。如此高产的原因是多方面的：美国所拥有的产业非常多元化，美国的企业文化显然仍是世界上最好的，劳动力市场和资本市场的灵活性独领风骚，科学技术水平也仍是美国最大的优势之一。科技成为推动经济增长越来越重要的力量。美国有一些世界上最好的大学和研究中心，如磁铁一样吸引着全世界的人才，因此美国在研发领域非常成功。这也成为美国经济持续增长和创新发展的源头。但是，美国的经济也存在弱点，金融危机凸显了部分弱点，我们正尝试着通过加强金融监管系统来解决这些问题。

结合前三讲来看，图4–10很有意思。虚线显示了略高于3%的固定实际增长率。这是一个对数标尺，因而直线代表固定增长率。我们可以看到，从1900年开始，美国经济在长达一个多世纪的时间里以3%的增长率持续增长。增长率在20世纪30年代有巨大的起伏，那是由于“大萧条”将实际产量拉到了趋势线之下。之后大家可以看到在“二战”期间产量处于趋势线之上，但“二战”后美国经济又差不多回到了趋势线。战后有一些衰退和增长，但基本上与趋势线吻合。如图4–10最右边所示，我们今天的位置在

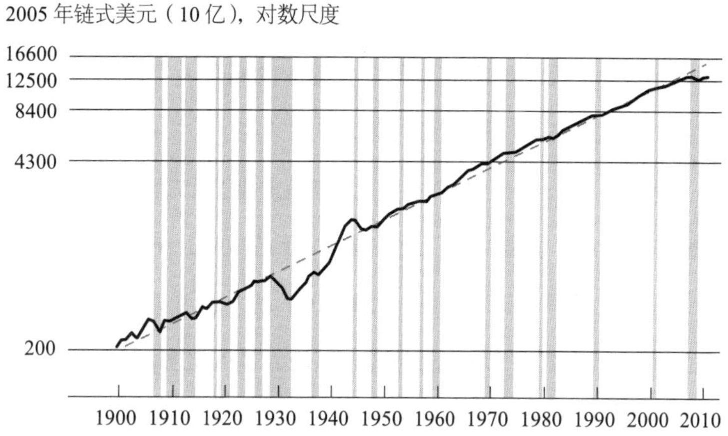

注：阴影部分代表国家经济研究局所定义的衰退期，虚线表示趋势。

图 4–10 1900~2010 年间实际 GDP

资料来源：1900~1928 年的数据来自《美国历史统计数据》，千禧年版，表 Ca9；1929 年至今的数据来自经济分析局

趋势线之下。关于这次衰退是否为永久性下降尚存在争议。但是回顾历史，我认为美国经济有很大的可能回归到 3%范围内的健康的年增长率。当然，也有其他需要考虑的因素，比如人口增长率的变化、人口的老龄化等。但总的来说，这幅图表明，长期以来，美国的经济成功保持了增长。

监管的变化

在前几讲中，我谈到金融系统中私人部门和公共部门的漏洞。危机揭示了我们的监管体系在公共部门方面的很多不足。我们看

到雷曼兄弟和美国国际集团在危机中的表现，以及“大而不倒”对我们整个系统的冲击。目前更普遍的问题是，与系统各独立部分相比，我们缺乏对系统宏观稳定性的关注。

2008年之后，美国进行了大量的金融监管改革，其中最为引人瞩目的当属《多德-弗兰克法案》。该法案的正式名称为《华尔街改革与消费者保护法案》，于2010年夏天通过。它是一套全面的金融改革方案，致力于应对我之前谈到过的诸多漏洞。

那么，这些漏洞到底是什么呢？其中之一便是系统监管的缺失：没有人监视整个金融体系，没有人从整个金融体系的视角来监测影响整体金融稳定的风险及威胁。因此，《多德-弗兰克法案》的主题之一便是尝试建立一种系统性的方法，以使监管者能够监管整个体系，而不只是某个组成部分。达成上述目标的工具之一是新创建的一个名为“金融稳定监督委员会”（FSOC）的机构，美联储作为成员之一，协调各监管机构。我们定期举行委员会议，讨论经济、金融形势发展，探讨关注整个体系的方法并且尝试规避各种各样的问题。

此外，《多德-弗兰克法案》可使监管机构有责任在实施自身监管、监督举措的同时考虑其隐含的、广泛的系统性影响。尤其是美联储在很大程度上重组了监管部门，使我们现在能以综合的眼光看待整个金融市场和一系列金融机构。因此，我们现在拥有了危机之前所没有的宏观视角。

我在关于漏洞的讨论中提到了金融体系中存在的诸多漏洞。体系当中并不明确受监管机构全面监督的公司，不只包括像美国国际集团这样的重要公司，还有许多其他公司。《多德-弗兰克法案》提供了一种让大型机构可以安全倒闭（fail-safe）[1]的机制，这个机制就是对于任何被认为未受充分监督的机构，金融稳定监督委员会均可以通过投票来指定其接受美联储的监督。该进程现在正在推进中。因此未来将不会再有任何规模更大、更综合、系统关键性程度更高的公司游离于监管之外。与之类似，金融稳定监督委员会也可以指定金融市场基础设施受美联储或其他机构监管，如股票交易所或其他交易所等。因此，这些疏漏正在弥补当中，危机之前的状况将不复存在。

另一类问题和“大而不倒”有关，涉及系统性关键机构的处理。处理“大而不倒”或系统性关键机构须双管齐下。一方面，在《多德-弗兰克法案》下，具有系统重要性的大型综合金融机构将面临比其他金融机构更为严苛的监管。美联储已经和国际监管者一同建立了适用于这些金融机构的更高的资本金要求，包括对规模非常大、系统重要性程度非常高的机构的额外资本要求。一些禁止银行通过其附属机构进行高风险自营业务的规则，如“沃尔克法则”将尝试降低大公司的风险。另一方面，压力测试也将

① “fail-safe”的原意是汽车的自动防故障机制。——译者注

同时开展。《多德-弗兰克法案》要求大公司每年接受一次美联储的压力测试，自身也要开展一次压力测试。因此，我们将对这些公司应对重大金融系统冲击的能力感到放心，至少比上一次更为放心。

解决“大而不倒”的问题，一方面要求将这些大型综合机构置于更为严格的监督之下，比如更多监管、更多资本储备、更多压力测试以及更为严格的业务限制；另一方面就是处理正在破产的机构。在金融危机中，美联储及其他金融监管机构面临的一个十分糟糕的选择是：要么试图防止一些像美国国际集团这样的大型机构破产，而这恰恰默许了“大而不倒”，并意味着金融机构没有因其所承担的高风险受到充分惩罚；要么听任它们破产，继而有可能动摇整个金融体系和经济体。上述即“大而不倒”的问题。最终，唯一能解决该问题的方法是使大型机构能够更为安全地倒闭。《多德-弗兰克法案》中的一个要素即有序清偿制度，现在该职权已被授予联邦存款保险公司。联邦存款保险公司早已拥有关闭一家破产银行的权力，整个过程快速高效，通常只需一个周末，存款人就能收到全额赔付。联邦存款保险公司的该项权力阻止了20世纪30年代之后的恐慌和银行挤兑。这里的设想是联邦存款保险公司将会对大型综合类机构采取类似措施，但这明显要困难得多。然而，在与美联储和其他国家监管机构（针对跨国公司）的合作之下，准备工作正在有序开展。所以可以肯定的是，假使一个大型金融机构到了破产的边缘并且找不到解决办法，比如无法筹集新资本，美联储也无法再像2008年那样直接干预。从法律上讲，我们也不能再那样做。我们唯一的选择是和联邦存款保险公司通力合作，安全地使公司逐步解体。如此一来，“大而不倒”的问题最终会减少，或者说我们希望“大而不倒”的问题可以被消除。

《多德-弗兰克法案》还有其他很多方面，之前讨论到的另一个漏洞是奇异金融工具、衍生品等，它们致使风险更为集中。现在有一整套新规则要求衍生品的头寸更为透明，衍生品更为标准化，而且其交易需要通过第三方——中央结算对手——进行。这里的想法是将衍生品及其交易透明化，使其能被监管者和市场利用和观察，以避免出现像金融危机中我们所看到的状况。

美联储在抵押贷款的消费者保护领域做得并不尽如人意。因此，《多德-弗兰克法案》设立了一个名为“消费者金融保护局”的新机构，致力于在金融交易中保护消费者，诸如抵押贷款的条款保护等。

总体而言，《多德-弗兰克法案》包含了诸多内容。它是一项浩繁复杂的法案，很多人抱怨其太过庞杂。监管机构尽力以有效的方式实施这些规则，与此同时将它们带给行业和经济的成本最小化。这是一项相当复杂的工作，但我们已经着手启动了。我们通过一套严谨的程序来完成这项艰巨的任务，包括提出拟议规则条款、征求公众意见，然后根据上述意见予以修订完善等。我们通过这样一个循环往复的过程来建立监管规则。即便如此，前路依然漫漫。

请允许我以对未来的一些展望作结。不仅仅是美国，全世界的中央银行都度过了一段非常困难且具有戏剧性的时期，这促使我们反思如何管理政策以及如何管理我们对于金融体系的责任。尤其是在“二战”的大部分时期，由于事态相对稳定，而且金融危机发生在新兴市场国家，而不是发达国家，很多央行开始将金融稳定政策视作货币政策的附庸，其重要性并未被认可。尽管有些央行对其确实有所关注，但是并没有投入太多的资源。

显而易见的是，基于金融危机期间所发生的以及到目前为止我们仍然能感受到的后果，现在看来保持金融稳定与保持货币政策和经济稳定显得同等重要。诚然，美联储回到了最初的起点。要知道，美联储的创建就是为了试着减少金融恐慌的影响范围；金融稳定是建立美联储的初衷。因此，现在我们兜了一整圈又回到了原地。

金融危机会始终伴随我们左右，这可能是无法避免的。在西方世界，金融危机已经存在了600年。资产泡沫或其他类型的金融不稳定性仍将周期性地出现在我们的金融体系中。然而，给定潜在损失后，正如我们看到的，中央银行和其他监管者能够各尽其职将是尤为重要的：预测并预防危机的发生；若危机真的发生，将其损害降到最低，并确保金融系统足够强大以使其安然无恙地度过危机。

因此如前所述，要履行这个职责我们必须从央行的两个主要工具入手，一个是作为最后贷款人阻止或减弱金融危机，另一个则是调节货币政策以增强经济的稳定性。我曾提到，在“大萧条”中，这些工具并没有得到恰如其分的运用。然而在近期，美联储和其他中央银行已在积极使用这些工具。我还应该提到目前一个强烈的趋同倾向，即其他主要中央银行遵循的政策和美联储的政策非常类似。在任何情况下，我认为通过积极地使用这些工具，我们避免了更坏的结果，无论是在金融危机层面还是在其后所导致的经济衰退的深度和严重程度层面。一个新的监管框架是非常有利的，但它同样不能解决问题。最终唯一的解决方案是靠监管者及其继任者继续监控整个金融体系并尝试发现问题，而后用已有的工具应对。

对 话

学生：在第一讲中，您提到商业街和华尔街的裂痕，这一点在系列讲座期间始终萦绕我心头。您同时提到对公众进行货币政策教育的重要性。尽管这个系列讲座确实让我对美联储更为了解，但我认为其实您重点讲述了华尔街而不是商业街。因此，鉴于对很多正在努力支付抵押贷款而对金融稳定的重要性理解不深的美国人来说，花钱救助银行的行为非常不受欢迎，您是否看到了美国公众和华尔街在对问题的认识上也无法达成一致？

伯南克：你说得对。同样的冲突也发生在19世纪，与今天遥相呼应。对上述问题我并没有一个简单的答案。如你所知，美联储通过更多的推广活动，比如新闻发布会以及其他途径，试图解释其所作所为。显而易见，美联储是非常负责的。不仅仅是我，理事会的其他成员以及各位储备银行行长也经常出席作证、发表演讲，也会出席诸多场合，不一而足。

鉴于美联储机构的复杂性，这在本质上是非常困难的。正如你在这四次讲座中所见，这些议题并不简单。

在我看来，我们所能做的是竭尽所能，同时希望我们的教育界人士、我们的媒体能够传播美联储的意图并帮助大众更好地理解。这是一个艰巨的挑战，而且这确实反映出美国大众自中央银行成立以来就对其存在的戒备心理。

学生：您之前提到美联储有多重方式来逐步退出大规模资产购买计划，包括将国债等资产回售给市场。那么如何确保投资者未来愿意重新买入这些资产呢？

伯南克：基本上我们有三种不同的工具可供使用，任何一种都允许我们逐步退出上述政策，但综合使用这三种工具能使我们更为放心。

首先，我们有能力对银行存放在美联储的准备金付息。因而，当需要美联储提高利率的时机到来时，我们能够提高付给银行准备金的利息。银行绝对不会以低于央行准备金利率的水平向外借贷。如此便可锁住准备金，提高利率，以实现紧缩货币政策的目的。因此尽管我们的资产负债表仍然庞大，但仅仅这一个工具就能紧缩货币政策。

我们拥有的第二个工具即排水工具。一般而言，我们有诸多方法可使准备金从银行体系中流出，并代之以其他种类的负债，即便我们资产负债表上的总资产保持不变。

第三个也是最后一个工具是将资产持有至到期，或者将之出售。这些资产包括国库券以及政府担保证券。我们售卖这些证券时的现行利率完全有可能高于今天的利率。换言之，为了让投资者愿意购买这些证券，我们必须付出更高的利息。但实际上，这是整个过程的一部分，因为那时我们可能正打算提高利率。这和我们购进这些证券时的做法完全相反。届时，我们将通过提高利率来退出宽松政策，转向一种允许经济在低通胀环境下增长的政策。

因此，我并不认为存在投资者不会购买这些资产的危险。他们一定会以更高的利率购买这些资产，这是实现我们削减资产负债表以增强财务状况的目标的一部分，以规避未来对通胀的担忧。

学生：我读过一篇文章，其中制订了一个计划，允许按时偿还抵押贷款月供的业主以目前更低的利率重新融资，以使他们免受房价下跌的影响。我想知道您是否听说过这样的计划以及美联储将如何参与其中，抑或类似计划是否会由消费者金融保护局负责?

伯南克: 目前有一些与之类似的计划，尤其是其中一个由房地美、房利美等政府赞助企业及其监管者联邦住房金融局运作的可偿付再融资计划（HARP）。在该计划中，如果你在抵押贷款上资不抵债，即房屋抵押贷款金额超过了房屋净值，并且抵押贷款由房利美和房地美持有，你也许仍能以较低的利率再融资，以减少月供。该项目正在实施并不断扩大。如果你的抵押贷款由银行持有，上述计划则未必能够奏效，因为银行并不是该计划的一部分，但是银行也可以自愿选择这么做。但如果你的抵押贷款不是由房利美或房地美持有，你可能就没那么走运了。

总之，有一些类似的计划，但美联储并未参与这些计划。我们的职责一直都是将抵押贷款利率保持在低位，希望可以帮到业主。像这样允许人们较少缴款的计划显然会帮助那些人，减小他们面对的财务压力，最终降低他们拖欠抵押贷款的可能性。

学生: 您在讲座中提到了在“大萧条”以及日本通货紧缩的危害，以及将目标通货膨胀率设定在零之上的论据之一就是给通货紧缩的可能性提供缓冲。然而，在美国的上两个衰退期内，对通货紧缩的恐惧愈演愈烈，导致美联储在上一个10年的初期保持了非常灵活的货币政策，并且在目前的时点上更为宽松。您认为2%是防止通货紧缩的一个足够缓冲吗？您是否考虑过更高的通胀目标？

伯南克：这个问题太棒了！对此已有很多学术研究，似乎国际共识是2%。几乎所有设定了通胀目标的中央银行不是将之设定为2%，就是1%~3%或类似水平。而且这里有个权衡的问题。原因是，一方面正如你所言，是为了避免或者减少通货紧缩的风险而将之设定为大于零。然而另一方面，如果通货膨胀率太高，市场就会出问题，经济体的效率会下降。总之，权衡之处在于合适的通货膨胀水平既给了你对抗通货紧缩的合理缓冲，又不至于太高而导致市场运转不灵。因此如前所述，国际共识是2%左右，这也是长期以来美联储的非正式目标。这就是我们所公布的目标，在可见的未来我们也计划保持现状。但显然研究者们仍然会探究这个议题，试图准确定位最优的平衡点。

学生：您提到您从最近的金融危机中学到的最大教训是货币政策尽管强大，但它并不能解决所有的问题，尤其是结构性问题。那么什么样的有效工具能够被用于解决住房、金融和信贷市场的结构性问题呢？

伯南克：这取决于特定的问题。就住房市场而言，美联储的员工撰写过一份白皮书，分析了很多议题，并不仅限于取消抵押品赎回权，也涉及如何处理空置房屋、如何设置更为合适的抵押贷款发起条件，诸如此类。我们并没有拿出实际推荐清单，因为这是由国会和其他机构来决定的。不过我们的确考虑了一整套可能的方案。

但是，住房这个问题很复杂，为了让它更好地运行，有很多不同的事情可做。诚然，鉴于房利美和房地美的问题，展望未来，作为一个国家，对于从长远角度我们的住房金融体系将会是什么样之类的问题，我们需要做出一些重大决策。

欧洲也面临着非常复杂的问题。我们一直致力于和欧洲同行深入讨论，他们已经采取了一系列行动。目前，他们正在讨论所谓的防火墙，即在某个国家违约或无法支付开支的情况下需要投入多少资金来提供保护，以阻止危机蔓延。

每一个议题都有其自己的解决方式。在劳动力市场上，我们的问题是人们失业的时间过长。显而易见，解决上述问题最好的办法之一是某种形式的培训，以提高待业者的技能。因此，你只需要照着清单往下走即可。一般而言，任何使我们的经济更多产、高效，并且能应对上述某些和财政问题相关的长期议题的，都将是有用的东西。美联储为支持复苏所做出的努力并不意味着不需要其他政策提供保障。我认为非常重要的一点在于，我们要环视整个政府机构，并询问可以采取哪些建设性的步骤来使我们的经济更为强大、复苏更为持久。

学生：您提到美联储正在竭尽所能维持复苏，但是在失业率高达8.3%、住房市场非常疲弱以及欧洲也面临诸多问题的情况下，美联储有什么其他的工具来应对未来可能出现的其他问题，如失业率进一步上升、住房市场更为疲软，或者葡萄牙、西班牙和意大利的违约呢？

伯南克：哦，我的老天，现在你要让我一晚上都睡不着觉了。我今天描述的是一般情况下美联储和其他中央银行的工具箱。我们仍然有最后贷款人的权力。该权力在某些方面为《多德–弗兰克法案》所修正，在某些方面有所加强且在另一些方面有所减弱。因而，在最后贷款人职能和我们的金融监管权力的双重影响下，我们试图确保金融体系是强健的。我们非常努力地工作，以竭尽所能来保护我们的金融体系和我们的经济体免于任何可能发生在欧洲那样的情况。总之，即使金融市场中出现了新问题，我们仍有一整套的工具可用。

就货币政策而言，我们并没有新的货币政策工具，但是我们有利率政策，而且可以继续根据经济前景的变化适时使用相应的货币政策，在保持价格水平稳定的同时实现复苏，这也是美联储的另外一部分职责。

因此，我们有这两套基本的工具。我们必须继续评估经济的走向并且适当地使用这些工具。我们并没有很多其他的工具。这也是为什么我之前说我们确实需要不同的政府部门协同努力，尤其是私人部门，来尽其所能将经济拉回正轨。

学生：您多次谈到经济复苏，尽管速度很慢、令人痛苦，但复苏的的确确在进行当中。从您和美联储的角度来看，暗示私人部门的复苏开始自我维系、美联储可能会开始收紧货币政策的关键指标有哪些？

伯南克：这个问题很棒。首先，我们高度关注并且近期有所起色的一系列指标集中在劳动力市场方面的进展：工作数量、失业率、失业救济申请、工作时数，所有的这些指标都显示出劳动力市场正在增强。确实，就业是我们的二元目标之一。所以很明显，我们希望这个势头能够持续下去，我们希望看到劳动力市场的持续改善。

正如我在第三讲中所讨论的，如果我们观测到总需求和经济增长水平的上升，劳动力市场的改善更有可能持续下去。因此，我们会继续关注如下指标：消费者开支和消费者情绪、投资计划、资本开支、企业方面的信心指标等，来观测生产和需求的走向。进而我们将一如既往地关注通货膨胀，保持价格水平平稳以及使通货膨胀率稳定在较低水平。这些就是我们需要持续关注的指标，但并没有一个简单明确的公式。不过随着经济好转及其复苏持续性增强，在今后的某个时点，经济对美联储的依赖程度将会逐渐减小。

The Federal Reserve and the Financial Crisis

Ben Bernanke

Contents

THE FEDERAL RESERVE AND THE FINANCIAL CRISIS

THE FEDERAL RESERVE AND THE FINANCIAL CRISIS

Lecture 1

Origins and Mission of the Federal Reserve

What I want to talk about in these four lectures is the Federal Reserve and the financial crisis. My thinking about this is conditioned by my experience as an economic historian. When one talks about the issues that occurred over the past few years, I think it makes the most sense to consider them in the broader context of central banking as it has been practiced over the centuries. So, even though I am going to focus in these lectures quite a bit on the financial crisis and how the Fed responded, I need to go back and look at the broader context. As I talk about the Fed, I will talk about the origin and mission of central banks in general; in looking at previous financial crises, most notably the Great Depression, you will see how that mission informed the Fed's actions and decisions.

In this first lecture, I will not touch on the current crisis at all. Instead, I will talk about what central banks are, what they do, and how central banking got started in the United States. I will talk about how the Fed engaged with its first great challenge, the Great Depression of the 1930s. In the second lecture, I will pick up the history from there. I will review developments in central banking and with the Federal Reserve after World War Ⅱ, talking about the conquest of inflation, the Great Moderation, and other developments that occurred after 1945. But in that lecture I will also spend a good bit of time talking about the buildup to the crisis and some of the factors that led to the crisis of 2008–2009. In lecture three, I will turn to more recent events. I will talk about the intense phase of the financial crisis, its causes, its implications, and particularly the response to the crisis by the Federal Reserve and by other policymakers. And then, in the final lecture I will look at the aftermath. I will talk about the recession that followed the crisis, the policy response of the Fed (including monetary policy), the broader response in terms of the changes in financial regulation, and a little bit of forward-looking discussion about how this experience will change how central banks operate and how the Federal Reserve will operate in the future.

★★★

So let's talk in general about what a central bank is. If you have some background in economics you know that a central bank is not a regular bank; it is a government agency, and it stands at the center of a country's monetary and financial system. Central banks are very important institutions; they have helped to guide the development of modern financial and monetary systems and they play a major role in economic policy. There have been various arrangements over the years, but today virtually all countries have central banks: the Federal Reserve in the United States, the Bank of Japan, the Bank of Canada, and so on. The main exception is in cases where there is a currency union, where a number of countries collectively share a central bank. By far the most important example of that is the European Central Bank, which is the central bank for seventeen European countries that share the euro as their common currency. But even in that case, each of the participating countries does have its own central bank, which is part of the overall system of the euro. Central banks are now ubiquitous; even the smallest countries typically have central banks.

What do central banks do? What is their mission? It is convenient to talk about two broad aspects of what central banks do. The first is to try to achieve macroeconomic stability. By that I mean achieving stable growth in the economy, avoiding big swings—recessions and the like—and keeping inflation low and stable. That is the economic function of a central bank. The other function of central banks, which is going to get a lot of attention in these lectures, is to maintain financial stability. Central banks try to keep the financial system working normally and, in particular, they try to either prevent or mitigate financial panics or financial crises.

What are the tools that central banks use to achieve these two broad objectives? In very simple terms, there are basically two sets of tools. On the economic stability side, the main tool is monetary policy. In normal times, for example, the Fed can raise or lower short-term interest rates. It does that by buying and selling securities in the open market. Usually, if the economy is growing too slowly or inflation is falling too low, the Fed can stimulate the economy by lowering interest rates. Lower interest rates feed through to a broad range of other interest rates, which encourages spending on the acquisition of homes, for example, and on construction, investment by firms, and so on. Lower interest rates generate more demand, more spending, and more investment in the economy, and that creates more thrust in growth. And similarly, if the economy is growing too hot, if inflation is becoming a problem, then the normal tool of central bank is to raise interest rates. Raising the overnight interest rate that the Fed charges banks to lend money, known in the United States as the federal funds rate, feeds higher interest rates through the system. This helps to slow the economy by raising the cost of borrowing, of buying a house or a car, or of investing in capital goods, reducing pressure on an overheating economy. Monetary policy is the basic tool that central banks have used for many years to try to keep the economy on a more or less even keel in terms of both growth and inflation.

The main tool of central banks for dealing with financial panics or financial crises is a little less familiar: the provision of liquidity. In order to address financial stability concerns, one thing that central banks can do is make short-term loans to financial institutions. As I will explain, providing short-term credit to financial institutions during a period of panic or crisis can help calm the market, can help stabilize those institutions, and can help mitigate or end a financial crisis. This activity is known as the "lender of last resort" tool. If financial markets are disrupted and financial institutions do not have alternative sources of funding, then the central bank stands ready to serve as the lender of last resort, providing liquidity and thereby helping to stabilize the financial system.

There is a third tool that most central banks (including the Fed) have, which is financial regulation and supervision. Central banks usually play a role in supervising the banking system, assessing the extent of risk in their portfolios, making sure their practices are sound and, in that way, trying to keep the financial system healthy. To the extent that a financial system can be kept healthy and its risk-taking within reasonable bounds, then the chance of a financial crisis occurring in the first place is reduced. This activity is not unique to central banks, however. In the United States, for example, there are a number of different agencies, such as the Federal Deposit Insurance Corporation (FDIC) and the Office of the Comptroller of the Currency, that work with the Fed in supervising the financial system. Because this is not unique to central banks, I will downplay this for the moment and focus on our two principal tools: monetary policy and lender of last resort activities.

Where do central banks come from? One thing people do not appreciate is that central banking is not a new development. It has been around for a very long time. The Swedes set up a central bank in 1668, three and a half centuries ago. The Bank of England was founded in 1694,[①] and was for many decades, if not centuries, the most important and influential central bank in the world. France established a central

① The Bank of England was not set up from scratch as a full-fledged central bank; it was originally a private institution that acquired some of the functions of a central bank, such as issuing money and serving as lender of last resort. But over time, central banks became essentially government institutions, as they all are today.

bank in 1800. So central bank theory and practice is not a new thing. We have been thinking about these issues collectively as an economics profession and in other contexts for many years.

I need to talk a little bit about what a financial panic is. In general, a financial panic is sparked by a loss of confidence in an institution. The best way to explain this is to give a familiar example. If you have seen the movie *It's a Wonderful Life*, you know that one of the problems Jimmy Stewart's character runs into as a banker is a threatened run on his institution. What is a run? Imagine a situation like Jimmy Stewart's, before there was deposit insurance and the FDIC. And imagine you have a bank on the corner, just a regular commercial bank; let's call it the First Bank of Washington, D.C. This bank makes loans to businesses and the like, and it finances itself by taking deposits from the public. These deposits are called demand deposits, which means that depositors can pull out their money anytime they want, which is important because people use deposits for ordinary activities, like shopping.

Now imagine what would happen if, for some reason, a rumor goes around that this bank has made some bad loans and is losing money. As a depositor, you say to yourself, "Well, I don't know if this rumor is true or not. But what I do know is that if I wait and everybody else pulls out their money and I'm the last person in line, I may end up with nothing." So, what are you going to do? You are going to go to the bank and say,

"I'm not sure if this rumor is true or not, but, knowing that everybody else is going to pull their deposits out of the bank, I'm going to pull my money out now." And so, depositors line up to pull out their cash.

Now, no bank holds cash equal to all its deposits; it puts that cash into loans. So the only way the bank can pay off the depositors, once it goes through its minimal cash reserves, is to sell or otherwise dispose of its loans. But it is very hard to sell a commercial loan; it takes time, and you usually have to sell it at a discount. Before a bank even gets around to doing that, depositors are at the door asking, "Where is my money?" So a panic can be a self-fulfilling prophecy, leading the bank to fail; it will have to sell off its assets at a discount price and, ultimately, many depositors might lose money, as happened in the Great Depression.

Panics can be a serious problem. If one bank is having problems, people at the bank next door may begin to worry about problems at their bank. And so, a bank run can lead to widespread bank runs or a banking panic more broadly. Sometimes, pre-FDIC, banks would respond to a panic or a run by refusing to pay out deposits; they would just say, "No more; we're closing the window." So the restriction on the access of depositors to their money was another bad outcome and caused problems for people who had to make a payroll or buy groceries. Many banks would fail and, beyond that, banking panics often spread into other markets; they were often associated with stock market crashes, for example. And all those things together, as you might expect, were bad for the economy.

A financial panic can occur anytime you have an institution that has longer-term illiquid assets—illiquid in the sense that it takes time and effort to sell those loans—and is financed on the other side of the balance sheet by short-term liabilities, such as deposits. Anytime you have that situation, you have the possibility that the people who put their money in the bank may say, "Wait a minute, I don't want to leave my money here; I'm pulling it out," and you have a serious problem for the institution.

So how could the Fed have helped Jimmy Stewart? Remember that central banks act as the lender of last resort. Imagine that Jimmy Stewart is paying out the money to his depositors. He has plenty of good loans, but he cannot change those into cash, and he has people at the door demanding their money immediately. If the Federal Reserve was on the job, Jimmy Stewart could call the local Fed office and say, "Look, I have a whole bunch of good loans that I can offer as collateral; give me a cash loan against this collateral." Then Jimmy Stewart can take the cash from the central bank, pay off his depositors, and then, so long as he really is solvent (that is, as long as his loans really are good), the run will be quelled and the panic will come to an end. So by providing short-term loans and taking collateral (the illiquid assets of the institution), central banks can put money into the system, pay off depositors and short-term lenders, calm the situation, and end the panic.

This was something the Bank of England figured out very early. In fact, a key person in the intellectual development of banking was a journalist named Walter Bagehot, who thought a lot about central banking policy. He had a dictum that during a panic central banks should lend freely to whoever comes to their door; as long as they have collateral, give them money. Central banks need to have collateral to make sure that they get their money back, and that collateral has to be good or it has to be discounted. Also, central banks need to charge a penalty interest rate so that people do not take advantage of the situation; they signal that they really need the money by being willing to pay a slightly higher interest rate. If a central bank follows Bagehot's rule, it can stop financial panics. As a bank or other institution finds that it is losing its funding from depositors or other short-term lenders, it borrows from the central bank. The central bank provides cash loans against collateral. The company then pays off its depositors and things calm down. Without that source of funds, without that lender of last resort activity, many institutions would have to close their doors and could go bankrupt. If they had to sell their assets at fire-sale discount prices, that would create further problems because other banks would also find the value of their assets going down. And so, panic—through fear, rumor, or declining asset values—could spread throughout the banking system. So it is very important to get in there aggressively. As a central banker, provide that short-term liquidity and avert the collapse of the system or at least serious stress on it.

Let's talk a little bit specifically about the United States and the Federal Reserve. The Federal Reserve was founded 1914, and concerns about both macroeconomic stability and financial stability motivated the decision of Congress and President Woodrow Wilson to create it. After the Civil War and into the early 1900s, there was no central bank, so any kind of financial stability functions that could not be performed by the Treasury had to be done privately. There were some interesting examples of private attempts to create lender of last resort functions; for example, the New York Clearing House. The New York Clearing House was a private institution; it was basically a club of ordinary commercial banks in New York City. It was called the Clearing House because, initially, that is what it was; it served as a place where banks could come at the end of each day to clear checks against one another. But over time, clearing houses began to function a little bit like central banks. For example, if one bank came under a lot of pressure, the other banks might come together in the clearing house and lend money to that bank so it could pay its depositors. And so in that respect, they served as a lender of last resort. Sometimes, the clearing houses would all agree that they were going to shut down the banking system for a week in order to look at the bank that was in trouble, evaluate its balance sheet, and determine whether it was in fact a sound bank. If it was, it would reopen and, normally, that would calm things down. So there was some private activity to stabilize the banking system.

In the end, though, these kinds of private arrangements were just not sufficient. They did not have the resources or credibility of an independent central bank. After all, people could always wonder whether the banks were acting in something other than the public interest since they were all private institutions. So it was necessary for the United States to get a lender of last resort that could stop runs on illiquid but still solvent commercial banks.

This was not a hypothetical issue. Financial panics in the United States were a very big problem in the period from the restoration of the gold standard after the Civil War in 1879 through the founding of the Federal Reserve. Figure 1 shows the number of banks closing during each of the six major banking panics during that period in the United States.

You can see that in the very severe financial panic of 1893, more than five hundred banks failed across the country, with significant consequences for the financial system and for the economy. Fewer banks failed in the panic of 1907, but the banks that did fail were larger. After

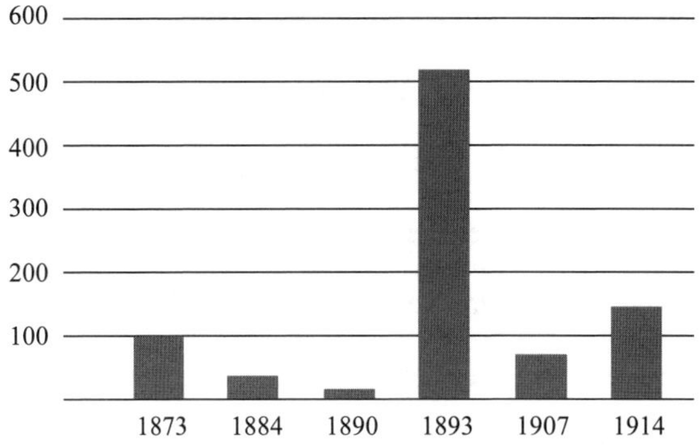

Figure 1: Bank Closings during Banking Panics, 1873–1914

Sources: For 1873–1907, Elmus Wicker, Banking Panics of the Gilded Age (New York:Cambridge University Press, 2006), table 1.3; for 1914, Federal Reserve Board, Banking and Monetary Statistics, 1914–1941.

the crisis of 1907, Congress began to think that maybe they needed a government agency that could address the problem of financial panics. A twenty-three-volume study was prepared for the Congress about central banking practices, and Congress moved deliberatively toward creating a central bank. The new central bank was finally established in 1914, after yet another serious financial panic. So financial stability concerns were a major reason that Congress decided to create a central bank in the early twentieth century.

But remember that the other major mission of central banks is monetary and economic stability. For most of the period from after the Civil War until the 1930s, the United States was on a gold standard. What is a gold standard? It is a monetary system in which the value of the currency is fixed in terms of gold; for example, by law in the early twentieth century, the price of gold was set at $20.67 an ounce. So there was a fixed relationship between the dollar and a certain weight of gold, and that in turn helped set the money supply; it helped set the price level in the economy. There were central banks that helped manage the gold standard, but to a significant extent a true gold standard creates an automatic monetary system and is at least a partial alternative to a central bank.

Unfortunately, a gold standard is far from a perfect monetary system. For instance, it is a big waste of resources: you have to dig up tons of gold and move it to the basement of the Federal Reserve Bank in New York. Milton Friedman used to emphasize that a very serious cost of a gold standard was that all this gold was being dug up and then put back into another hole. But there are other more serious financial and economic concerns that practical experience has shown to be part of a gold standard.

Take the effect of a gold standard on the money supply. Since the gold standard determines the money supply, there is not much scope for the central bank to use monetary policy to stabilize the economy. In particular, under a gold standard, typically the money supply goes up and interest rates go down in periods of strong economic activity, which is the reverse of what a central bank would normally do today.

Because you have a gold standard that ties the money supply to gold, there is no flexibility for the central bank to lower interest rates in a recession or raise interest rates to counter inflation. Some people view that as a benefit of the gold standard— taking away the central bank's discretion—and there is an argument to be made for that, but it does have the side effect that there was more year-to-year volatility in the economy under the gold standard than there has been in modern times. Volatility in output variability and year-to-year movements in inflation were much greater under the gold standard.

There are other concerns with the gold standard. One of the things a gold standard does is to create a system of fixed exchange rates between the currencies of countries that are on the gold standard. For example, in 1900, the value of a dollar was about twenty dollars per ounce of gold. At the same time, the British set their gold standard at roughly four British pounds per ounce of gold. Twenty dollars equals one ounce of gold, and one ounce of gold equals four British pounds, so twenty dollars equals four pounds. Basically, one pound is valued at five dollars. So essentially, if both countries are on the gold standard, the ratio of prices between the two exchange rates is fixed. There is no variability, unlike today, when the euro can go up and down against the dollar. Again, some people would argue that is beneficial, but there is at least one problem: if there are shocks or changes in the money supply in one country and perhaps even a bad set of policies, other countries that are tied to the currency of that country will experience some of the effects.

I will give you a modern example. Today, China ties its currency to the dollar. It has become more flexible lately, but for a long time there has been a close relationship between the Chinese currency and the U.S. dollar. That means that if the Fed lowers interest rates and stimulates the U.S. economy because, say, it is in a recession, essentially monetary policy becomes easier in China as well because interest rates have to be the same in different countries with essentially the same currency. And those low interest rates may not be appropriate for China, and as a result China may experience inflation because it is essentially tied to U.S. monetary policy. So fixed exchange rates between countries tend to transmit both good and bad policies between those countries and take away the independence that individual countries have to manage their own monetary policy.

Yet another issue with the gold standard has to do with speculative attack. Normally, a central bank with a gold standard keeps only a fraction of the gold necessary to back the entire money supply. Indeed, the Bank of England was famous for keeping "a thin film of gold," as John Maynard Keynes called it. The British central bank kept only a small amount of gold and relied on its credibility in standing by the gold standard under all circumstances, so that nobody ever challenged it about that issue. But if, for whatever reason, markets lose confidence in a central bank's commitment to maintain the gold standard, the currency can become subject to a speculative attack. This is what happened to the British. In 1931, for a lot of good reasons, speculators lost confidence that the British pound would maintain its gold convertibility, so (just like a run on the bank) they all brought their pounds to the Bank of England and said, "Give me gold." It did not take very long for the Bank of England to run out of gold because it did not have all the gold it needed to support the money supply, which essentially forced Great Britain to leave the gold standard.

There is a story that while a British Treasury official was taking a bath, an aide came running in saying, "We're off the gold standard! We're off the gold standard!" And the official said, "I didn't know we could do that!" But they could, and they had to. They had no choice because there was a speculative attack on the pound. Moreover, as we saw in the case of the United States, the gold standard was associated with many financial panics. The gold standard did not always assure financial stability.

Finally, one of the strengths that people cite for the gold standard is that it creates a stable value for the currency, it creates a stable inflation. That is true over very long periods. But over shorter periods, maybe up to five or ten years, you can actually have a lot of inflation (rising prices) or deflation (falling prices) with a gold standard because the amount of money in the economy varies according to things like gold strikes. So, for example, if gold is discovered in California and the amount of gold in the economy goes up, that will cause inflation, whereas if the economy is growing faster and there is a shortage of gold, that will cause deflation. So over shorter periods, a country on the gold standard frequently had both inflations and deflations. Over long periods—decades—prices were quite stable.

This was a very significant concern in the United States. In the latter part of the nineteenth century, there was a shortage of gold relative to economic growth, and since there was not enough gold— the money supply was shrinking relative to the economy—the U.S. economy was experiencing deflation, that is, prices were gradually falling over this period. This caused problems, particularly for farmers and people in other agriculture-related occupations. Think about this for a moment. If you are a farmer in Kansas and you have a mortgage that requires a fixed payment of twenty dollars each month, the amount of money you have to pay is fixed. But how do you get the money to pay it? By growing crops and selling them in the market. Now, if you have deflation, that means that the price of your corn or cotton or grain is falling over time, but your payment to the bank stays the same. Deflation created a grinding pressure on farmers as they saw the prices of their products going down while their debt payments remained unchanged. Farmers were squeezed by this decline in their crop prices, and they recognized that this deflation was not an accident. The deflation was being caused by the gold standard.

So William Jennings Bryan ran for president on a platform the principal plank of which was the need to modify the gold standard. In particular, he wanted to add silver to the metallic system so that there would be more money in circulation and more inflation. But he spoke about this in the very eloquent way of nineteenth-century orators. He said, "You shall not press down upon the brow of labor this crown of thorns; you shall not crucify mankind upon a cross of gold." What he was saying is that the gold standard was killing honest, hardworking farmers who were trying to make their payments to the bank and found the price of their crops going down over time.

So the gold standard created problems and was a motivation for the founding of the Federal Reserve. In 1913, finally after all the study, Congress passed the Federal Reserve Act, which established the Federal Reserve. President Wilson viewed this as the most important domestic accomplishment of his presidency. Why did they want a central bank? The Federal Reserve Act called on the newly established Fed to do two things: first, to serve as a lender of last resort and to try to mitigate the panics that banks were experiencing every few years;

and second, to manage the gold standard, that is, to take the sharp edges off the gold standard to avoid sharp swings in interest rates and other macroeconomic variables.

Interestingly, the Fed was not the first attempt by Congress to create a central bank. There had been two previous attempts, one of them suggested by Alexander Hamilton and the second somewhat later in the nineteenth century. In both cases, Congress let the central bank die. The problem was disagreement between what today we would call Main Street and Wall Street. The folks on Main Street—farmers, for example—feared that the central bank would be mainly an instrument of the moneyed interests in New York and Philadelphia and would not represent the entire country, would not be a national central bank. Both the first and the second attempts at creating a central bank failed for that reason.

Woodrow Wilson tried a different approach: he created not just a single central bank in Washington but twelve Federal Reserve banks located in major cities across the country. Figure 2 shows the twelve Federal Reserve districts (which we still have today), and each one has a Federal Reserve Bank.[①] Then a Board of Governors in Washington, D.C.,

① Notice, by the way, how many of the little black dots are to the right. In 1914, most of the economic activity in the United States was in the eastern part of the country. Now, of course, economic activity is much more evenly spread across the country but the Federal Reserve banks are in the same locations as in 1914.

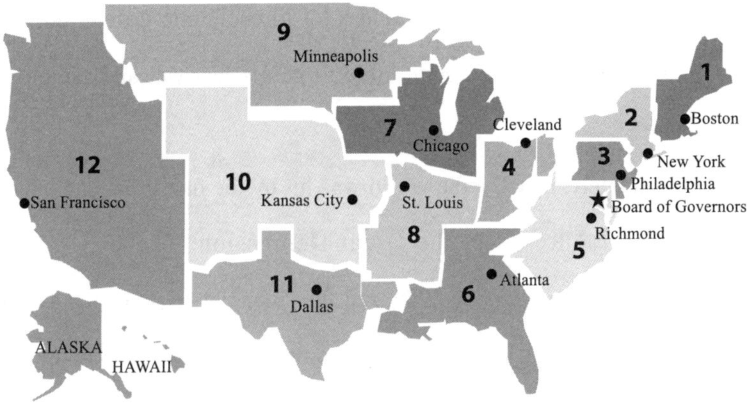

Figure 2. Federal Reserve Regions and Locations of Federal Reserve Banks and Board of Governors

oversees the whole system. The value of this structure was that it created a central bank where everybody, in all parts of the country, would have a voice and where information about all aspects of our national economy would be heard in Washington—and that is, in fact, still the case. When the Fed makes monetary policy, it takes into account the views of the Federal Reserve banks around the country and thus has a national approach to making policy.

The Fed was established in 1914 and for a while life was not too bad. The 1920s, the so-called Roaring Twenties, was a period of great prosperity in the United States. Its economy was absolutely dominant in the world at that time because most of Europe was still in ruins from World War I. There were lots of new inventions. People gathered around the radio, and automobiles became much more available. There were a lot of new consumer durables and a lot of economic growth during the 1920s. So the Fed had some time to get its feet wet and establish procedures.

Unfortunately, in 1929 the world was hit by the first great challenge to the Federal Reserve, the Great Depression. The U.S. stock market crashed on October 29th, and the financial crisis of the Great Depression was not just a U.S. phenomenon: it was global. Large financial institutions collapsed in Europe and other parts of the world. Perhaps the most damaging financial collapse was of the large Austrian bank called the Credit-Anstalt in 1931, which brought down many other banks in Europe. The economy contracted very sharply and the Depression lasted for what seems like an incredibly long time, from 1929 until 1941, when the United States entered the war following the attack on Pearl Harbor.

It is important to understand how deep and severe the Depression was. Figure 3 shows the stock market, and you can see at the left a vertical line showing October 1929, a very sharp decline in stock prices. This was the crash that was made famous by many writers including John Kenneth Galbraith and others, who told colorful stories about brokers jumping out of windows. But what I want you to take from this picture is that the crash of 1929 was only the first step in what was a much more serious decline. You see how stock prices kept falling, and

Figure 3. S&P Composite Equity Price Index, 1929–1933

Source: Center for Research in Securities Prices, Index File on the S&P 500

by mid-1932 they had fallen an incredible 85 percent from their peak. So this was much worse than just a couple of bad days in the stock market.

The real economy, the nonfinancial economy, also suffered very greatly. Figure 4a shows growth in real GDP. If the bar is above the zero line, it is a growth period. If it is below, it is a contraction period. In 1929, the economy grew by more than 5 percent and was still growing very substantially. But you can see that from 1930 to 1933, the economy contracted by very large amounts every year. So it was an enormous contraction of GDP, close to one-third overall between 1929 and 1933. At the same time, the economy was experiencing deflation (falling prices). And as you can see in figure 4b, in 1931 and 1932 prices fell by about 10 percent. So if you were a farmer who had had difficulty in the late nineteenth century, imagine what is happening to you in 1932, when crop prices are dropping by half or more and you still have to make the

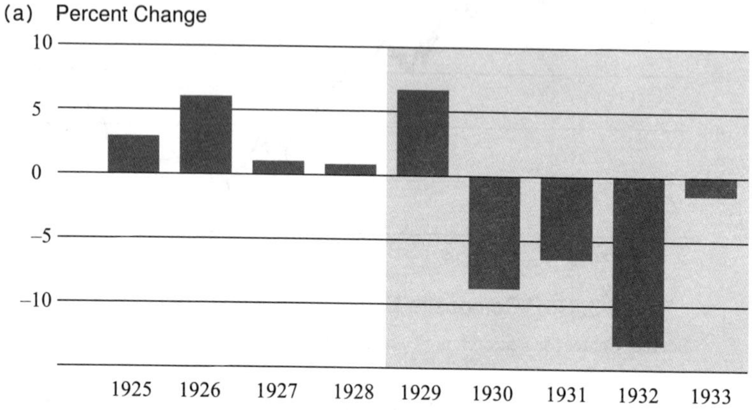

Figure 4a. Real GDP, 1925–1934

Note: Shading represents years of the Great Depression。

Source: Historical Statistics of the United States, Millennial Edition (New York: Cambridge University Press, 2006), table Ca9.

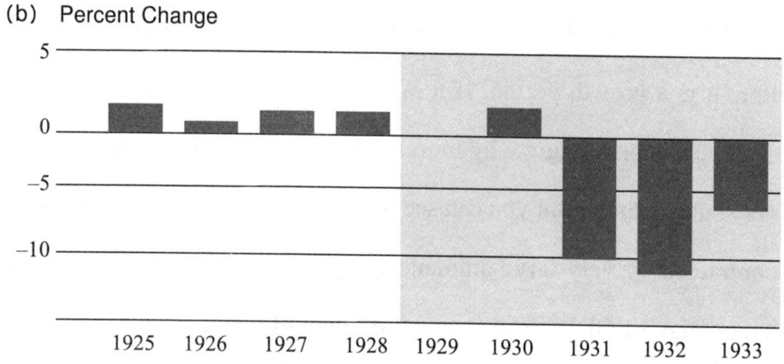

Figure 4b. Consumer Price Index, 1925–1934

Source: Historical Statistics of the United States, Millennial Edition, online, table Cc1.

same payment to the bank for your mortgage.

As the economy contracted, unemployment soared. We did not have the same survey of individual households in the 1930s that we have today, and so the numbers in figure 5 are estimated; they are not precise numbers. But as best we can tell, at its peak in the early 1930s, unemployment approached 25 percent. The shaded area is the recession period. Even at the end of the 1930s, before the war changed everything, unemployment was still around 13 percent.

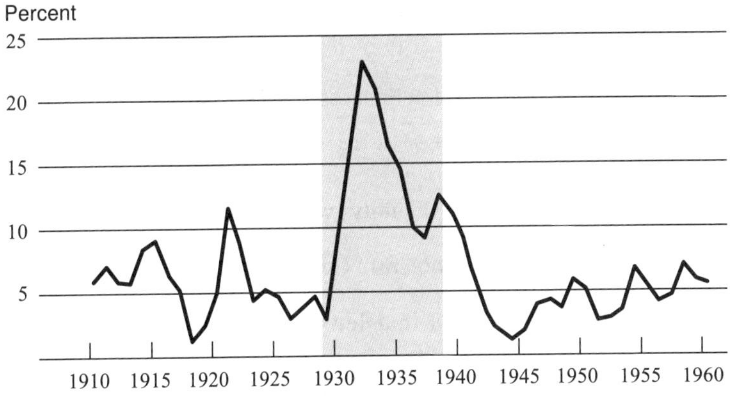

Figure 5. Unemployment Rate, 1910–1960

Note: Shading represents years of the Great Depression.

Source: Historical Statistics of the United States, Millennial Edition, table Ba475.

As you might guess, with all that was going wrong in the economy, a lot of depositors ran on their banks and many banks failed. Figure 6 shows the number of bank failures in each year, and you can see an enormous spike in the early 1930s.

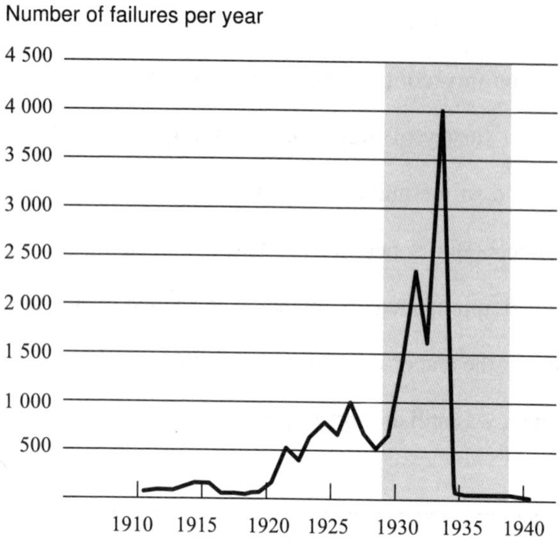

Figure 6. Bank Failures, 1910–1940

Source: Federal Reserve Board, Banking and Monetary Statistics, 1914–1941, table 66

What caused this colossal calamity (which, I reiterate, was not just a U.S. problem but a global problem)? Germany had a worse depression than the United States, and that led more or less directly to the election of Hitler in 1933. So what happened? What caused the Great Depression? This is a tremendously important subject and has received a lot of attention from economic historians, as you might imagine. And as often is the case for very large events, there were many different causes. A few are the repercussions of World War I; problems with the international gold standard, which was being reconstructed but with a lot of problems after World War I; the famous bubble in stock prices in the late 1920s; and the financial panic that spread throughout the world. So a number of factors caused the Depression. Part of the problem was intellectual—a matter of theory rather than policy per se. In the 1930s, there was a lot of support for a way of thinking about the economy called the liquidationist theory, which posited that the 1920s had been too good a time: the economy had expanded too fast; there had been too much growth; too much credit had been extended; stock prices had gone too high. What you need when you have had a period of excess is a period of deflation, a period when all the excesses are squeezed out. This theory held that the Depression was unfortunate but necessary. We had to squeeze out all of the excesses that had accumulated in the economy in the 1920s. There is a famous statement by Andrew Mellon, who was Herbert Hoover's secretary of the Treasury: "Liquidate labor, liquidate stocks, liquidate the farmers, liquidate real estate." It sounds pretty heartless and I think it was, but what he was trying to convey was that we had to get rid of all of the excesses of the 1920s and bring the country back to a more fundamentally sound economy.

What was the Fed doing during this period? Unfortunately, when the Fed confronted its first major challenge in the Great Depression, it failed both on the monetary policy side and on the financial stability side. On a monetary policy side, the Fed did not ease monetary policy as you would expect it to in a period of deep recession, for a variety of reasons: because it wanted to stop stock market speculation, because it wanted to maintain the gold standard, because it believed in the liquidationist theory. And so we did not get the offset to the decline that monetary policy could have provided. And indeed, what we saw was sharply falling prices. You can argue about causes of the decline in output and employment, but when you see 10 percent declines in the price level, you know monetary policy is much too tight. So deflation was an important part of the problem because it bankrupted farmers and others who relied on selling products to pay fixed debts. To make things even worse, as I mentioned earlier, if you have a gold standard, then you have fixed exchange rates. So the Fed's policies were essentially transmitted to other countries, which therefore also essentially came under excessively tight monetary policy and that contributed to the collapse. As I mentioned, one reason the Fed kept money tight was because it was worried about a speculative attack on the dollar. Remember that the British had faced that situation in 1931. The Fed was worried that there would be a similar attack that would drive the dollar off the gold standard. So, to preserve the gold standard, the Fed raised interest rates rather than lower them. They argued that keeping interest rates high would make U.S. investments attractive and prevent money from flowing out of the United States. But that was the wrong thing to do relative to what the economy needed. In 1933, Franklin Roosevelt abandoned the gold standard, and suddenly monetary policy became much less tight and there was a very powerful rebound in the economy in 1933 and 1934.

The other part of the Fed's responsibility is to be lender of last resort. And once again, the Fed did not read its mandate. It responded inadequately to the bank runs, essentially allowing a tremendous decline in the banking system as many banks failed. And as a result, bank failures swept the country. A very large fraction of the nation's banks failed; almost ten thousand banks failed in the 1930s. That continued until deposit insurance was created in 1934. Now, why did the Fed not act more aggressively as lender of last resort? Why didn't it lend to these failing banks? Well, in some cases, the banks were really insolvent. There was not much that could be done to save them. They had made loans in agricultural areas and their loans were all going bad because of the crisis in the agricultural sector. But part of it was the Fed appeared, at least to some extent, to agree with the liquidationist theory, which said that there was too much credit; the country was overbanked; let the system contract; that was the healthy thing to do. But unfortunately, that was not the right prescription.

In 1933, Franklin Roosevelt came to power. Roosevelt had a mandate to do something about the Depression. He took a variety of actions; he was very experimental. Some of those actions were quite unsuccessful. For example, something called the National Recovery Act tried to fight deflation by requiring firms to keep their prices high. But that was not going to help without a bigger money supply. So a lot of things Roosevelt tried did not work, but he did two things that I would argue did a lot to offset the problems the Fed created. The first was the establishment of deposit insurance, the FDIC, in 1934. After that, if you were an ordinary depositor and the bank failed, you still got your money back and therefore there was no incentive to run on the banks. And in fact, once deposit insurance was established, we went from literally thousands of bank failures annually to zero. It was an incredibly effective policy. The other thing FDR did was he abandoned the gold standard. And by abandoning the gold standard, he allowed monetary policy to be released and allowed expansion of the money supply, which ended the deflation and led to a powerful short-term rebound in 1933 and 1934. So the two most successful things that Roosevelt did were essentially offsetting the problems that the Fed created or at least exacerbated by not fulfilling its responsibilities.

So, what are the policy lessons? It was a global depression that had many causes, and the whole story requires you to look at the whole international system. But policy errors in the United States, as well as abroad, did play an important role. And in particular, the Federal Reserve failed in this first challenge in both parts of its mission. It did not use monetary policy aggressively to prevent deflation and the collapse in the economy, so it failed in its economic stability function. And it did not adequately perform its function as lender of last resort, allowing many bank failures and a resulting contraction in credit and also in the money supply. So the Fed did not fulfill its mission in that respect. These are key lessons, and we want to keep these in mind as we consider how the Fed responded to the 2008–2009 financial crisis.

Dialogues

Student: You mentioned the tightening of monetary policy in 1928 and 1929 to stem stock market speculation. Do you think that the Federal Reserve should have taken different actions, such as increasing margin requirements, to stem the speculation or was it wrong for them to take any action at all against the bubble?

Chairman Bernanke: That is a good question. The Fed was very concerned about the stock market and believed that it was excessively priced, and there was evidence for that. But they attacked it solely by raising interest rates without paying attention to the effect on the economy. So they wanted to bring down the stock market by raising interest rates, and of course they succeeded! But raising interest rates had major side effects on the economy as well. So, yes, we have learned that asset price bubbles are dangerous and we want to address them if possible, but when you can address them through financial regulatory approaches, that is usually a more pinpoint approach than just raising interest rates for everything. So margin requirements are at least looking at the variety of practices. There were a lot of very risky practices by brokers in the 1920s; it was the equivalent of day traders. Every paper boy had a hot tip for you and there were not many checks and balances on trading, who can make a trade, what margin requirements were, and so on. I think the first line of attack should have been more focused on bank lending, on financial regulation, and on the functioning of the exchanges.

Student: I have a question on the gold standard. Given everything we know about monetary policy now and about the modern economy, why is there still some argument for returning to the gold standard, and is it even possible?

Chairman Bernanke: The argument has two parts. One is the desire to maintain "the value of the dollar," that is, to have very long-term price stability. The argument is that paper money is inherently inflationary, but if we had a gold standard we would not have inflation. As I said, that is true to some extent over long periods of time. But on a year-to-year basis it is not true, and so looking at history is helpful there. The other reason advocates want to see a return to the gold standard, I think, is that it removes discretion: it does not allow the central bank to respond with monetary policy, for example to booms and busts, and the advocates of the gold standard say it is better not to give that flexibility to a central bank.

I think, though, that the gold standard would not be feasible for both practical reasons and policy reasons. On the practical side, it is just a simple fact that there is not enough gold to meet the needs of a global gold standard, and obtaining that much gold would cost a lot. But more fundamentally, the world has changed. The reason the Bank of England could maintain the gold standard even though it had very little gold reserves was that everybody knew that the Bank's first, second, third, and fourth priorities were staying on the gold standard and that it had no interest in any other policy objective. But once there was concern that the Bank of England might not be fully committed, then there was a speculative attack that drove it off gold. Now, economic historians argue that after World War I, labor movements became much stronger and there was a lot more concern about unemployment. Before the nineteenth century people did not even measure unemployment, and after World War I you began to get much more attention to unemployment and business cycles. So in the modern world, commitment to the gold standard would mean swearing that under no circumstances, no matter how bad unemployment got, would we do anything about it using monetary policy. And if investors had 1 percent doubt that we would follow that promise, then they would have an incentive to bring their cash and take out gold, and it would be a self-fulfilling prophecy. We have seen that problem with various kinds of fixed exchange rates that have come under attack during the financial crisis. So I understand the impulse, but if you look at history you will see that the gold standard did not work very well, and it worked particularly poorly after World War I. Indeed, there is evidence that the gold standard was one of the main reasons the Depression was so deep and long. And a striking fact is that countries that left the gold standard early and gave themselves flexibility on monetary policy recovered much more quickly than the countries that stayed on gold to the bitter end.

Student: You mentioned that President Roosevelt used deposit insurance to help end bank runs and also abandoned the gold standard to help end deflation. I believe that in 1936 and 1937, up until 1941, we had a double dip and the recession went on. As you have said, today we are sort of out of the recession. What things do you think we need to be careful of—things that possibly were mistakes made in the Great Depression that we should avoid today?

Chairman Bernanke: Right, it is not generally appreciated that the Great Depression actually was two recessions. There was a very sharp recession in 1929 to 1933; from 1933 to 1937, there was actually a decent amount of growth and the stock market recovered some; but in 1937 to 1938, there was a second recession that was not quite as serious as the first one but was still serious. There is a lot of controversy about it, but one view that was advanced early on was that the second recession came from a premature tightening of monetary and fiscal policy. In 1937 and 1938, Roosevelt was under a lot of pressure to reduce budget deficits and tighten fiscal policy. The Fed, worried about inflation, tightened monetary policy. I do not want to claim it is that simple—a lot was happening—

but the early interpretation was that the reversal in policy was premature, which prevented the recovery from proceeding faster. If you accept that traditional interpretation, you need to be attentive to where the economy is and not move too quickly to reverse the policies that are helping the recovery.

Student: Based on a few of the graphs we saw today and other historical trends, it seems that after an economic slump, recovery often takes five or more years, as represented by the Great Depression and the oil crisis in the 1970s. Do you think it is common for unemployment to remain at high levels until sometimes a half decade after an economic slump, and that criticisms are often premature? And how do you address these concerns in a political environment where short-term fixes rule the day?

Chairman Bernanke: Well, the Depression was an extraordinary event. There were many serious declines in economic activity in the nineteenth century, but nothing quite as deep or as long as the Great Depression. The high unemployment that lasted from 1929 until basically World War II was unusual. So we should not conclude that was a normal state of affairs. Now, more generally, some research suggests that following a financial crisis it may take longer for the economy to recover because you need to restore the health of the financial system. Some argue that may be one reason this most recent recovery is not proceeding faster than it is. But I think it is still an open question and there is a lot of discussion about that research. So no, it is not always the case. If you look at recessions in the postwar period in the United States, you see that recoveries very frequently take only a couple of years—recessions are typically followed by a faster recovery. What may be different about this episode—and again this is a subject of debate—is that, unlike the other recessions in the postwar period, this one was related to and triggered by a global financial crisis, and that may be why it is already taking longer for the economy to recover.

Student: Since you said depressions are global recessions, shouldn't there be more global cooperation and shouldn't central banks have a uniform type of fix they cooperate on, instead of every country turning to its own fix?

Chairman Bernanke: The Fed and the central banks did

cooperate, and continue to cooperate. One of the problems in the Depression was the bad feelings left over from World War I. In the nineteenth century there was a reasonable amount of cooperation among central banks, but in the 1920s, Germany was facing having to pay reparations, and France, England, and the United States were all bickering about war debts, and so the politics was quite bad internationally and that impeded cooperation among the central banks. Also, international central bank cooperation is probably even more important when you have fixed exchange rates. In the 1920s, you had fixed exchange rates because of the gold standard; that meant that monetary policy in one country affected everybody. That was certainly a case for more coordination, but it did not happen. At least today we have flexible exchange rates, which can adjust and tend to insulate other countries from the effects of monetary policy in a given country, so that reduces the need for coordination somewhat—but there is still, I think, a need for coordination.

THE FEDERAL RESERVE AND THE FINANCIAL CRISIS

Lecture 2

The Federal Reserve after World War Ⅱ

It is very helpful to put the recent crisis and the ongoing recovery into historical context. As we go along, I want to make sure you keep your eyes on the ball, that is, the two basic missions of a central bank. The first is maintaining macroeconomic stability: maintaining stable growth and keeping inflation low and stable. The principal policy tool for maintaining macroeconomic stability is monetary policy. In normal times, the Fed and other central banks use open market operations—purchases and sales of securities in markets—to move interest rates up or down, and in doing so try to create a more stable macroeconomic environment.

The second part of a central bank's mission is maintaining financial stability. Central banks are focused on trying to ensure that the financial system functions properly, and in particular, they want to prevent, if possible, and if not, to mitigate the effects of a financial crisis or a financial panic. I talked last time about the lender of last resort function, the notion that in a financial panic, a central bank should follow Bagehot's rule of lending freely against good collateral at a penalty rate, and by providing short-term credit to financial institutions, a central bank can halt or reduce a run or a panic and the accompanying damage to the financial system and the economy.

But let's talk a little bit about history. We left off at World War II, which ended the Depression and led to a sharp drop in unemployment as people were put to work building munitions and serving on the home front. One of the aspects of wars that economists pay attention to is how they get financed. Normally, wars are financed very substantially by borrowing. During World War II, the U.S. national debt increased quite substantially to pay for the war. And the Fed, in cooperation with the Treasury, used its ability to manage interest rates to keep interest rates low, so as to make it cheaper for the government to finance World War II. So that was the role of the Fed during the war.

After the war ended, the debt was still there. The government was still worried about paying the interest on the national debt, which was at a very high level, and so there was considerable pressure on the Fed to keep interest rates low even after the war. But that had the drawback that, if one keeps interest rates low even as an economy is growing and recovering, one risks overheating the economy and triggering inflation. By 1951, the Fed was very concerned about inflation prospects in the United States. After a series of complex negotiations, the Treasury agreed to let the Fed set interest rates independently, as needed, to achieve economic stability. That agreement, called the Fed–Treasury Accord of 1951, was very important because it was the first clear acknowledgment by the government that the Federal Reserve should be allowed to operate independently. Today, around the world there is a very strong consensus that central banks that operate independently will deliver better results than those that are dominated by the government. In particular, a central bank that is independent can ignore short-term political pressures, for example, to pump up the economy before an election, and in doing so, it can take a much longer perspective and get better results. The evidence for this is quite strong. As a result, major central banks around the world are typically independent, which means that they make their decisions irrespective of short-term political pressures.

In the 1950s and the 1960s, the Fed's primary concern was macroeconomic stability. Monetary policy during that period was relatively simple because the economy was growing. As after World War I, the U.S. economy was dominant after World War II. The fears about a renewed Depression had not come true. As a result, a lot of growth was occurring. The Fed tried to follow what is called a "lean against the wind" monetary policy, which means that when the economy is growing quickly (or too quickly), the Fed tightens to try to restrain overheating, and when the economy is growing more slowly, the Fed lowers interest rates and creates some expansionary stimulus in order to avoid a recession. William McChesney Martin, who was chairman of the Federal Reserve from 1951 to 1970, was very attentive to the risks of inflation. He said, "Inflation is a thief in the night." He tried through this "lean against the wind" policy to keep inflation and growth stable. The 1950s were perhaps more tumultuous than you might think, with a serious war in Korea and a couple of recessions during that decade. Nevertheless, it was basically a productive and prosperous decade as the economy went back to civilian operations after the end of World War II.

Things were not to remain completely trouble-free, however. Starting in the mid-1960s, for a variety of reasons that I will discuss, monetary policy became too easy. And after a time when the Fed did not change its policy stance, this easy monetary policy led to a surge in inflation and inflation expectations. Figure 7 shows a graph of inflation. You can see that from 1960 to 1964, inflation averaged only a little over 1 percent per year. It picked up during the Vietnam War period, 1965 to 1969, and went even higher in the early 1970s. By the end of the

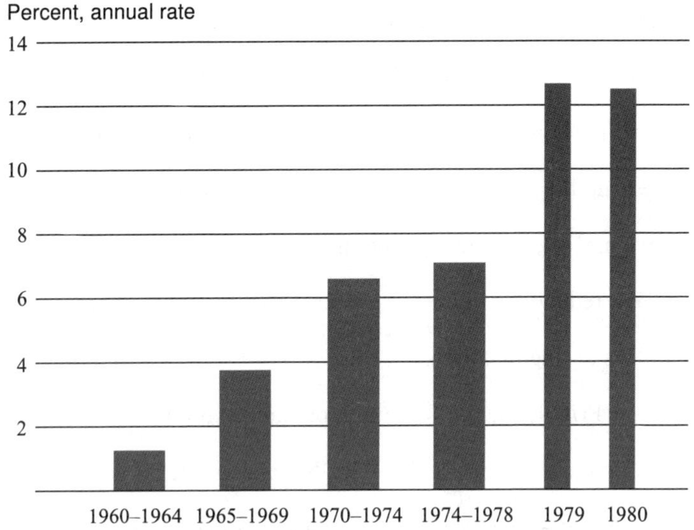

Figure 7. Consumer Price Index (CPI) Inflation, 1960–1964 to 1980

Note: Percentage change calculated from end-of-period to end-of-period.
Source: Bureau of Labor Statistics

1970s, the consumer price index (CPI) inflation rate peaked at about 13 percent. Inflation was a growing problem starting in the mid-1960s and into the 1970s.

Why was monetary policy so easy as to allow inflation to become a problem in the 1970s? One issue was technical: monetary policy makers became too optimistic about how hot the economy could run without generating inflation pressures. It was a general view that unemployment could be kept at a low level, 3 or 4 percent. By keeping inflation a little bit higher, you would be able to get that higher employment level. In the prosperity of the 1950s and the early 1960s, the Fed began to follow that approach. There was actually quite a subtle issue here, which was that economic theory and practice in the 1950s and early 1960s suggested that there was a permanent trade-off between inflation and employment, the notion being that if we could just keep inflation a little bit above normal, we could get permanent increases in employment and permanent reductions in unemployment. That view was taken by many economists during that time.

Milton Friedman, the famous monetary economist, wrote in the mid-1960s quite prophetically that this was going to cause trouble. He argued that an increase in inflation might cause unemployment to fall for a while but at best it would be a transitory effect. The analogy might be to a candy bar: if you eat a candy bar, in the short run it gives you a burst of energy, but after a while, it just makes you fat. Friedman argued, and he turned out to be quite prescient, that attempts to keep unemployment too low through monetary policy were going to end up creating inflation.

Today, it is still debated whether political pressures were put on the Fed to keep monetary policy too easy during that period. After all, this was another period of government deficits, as the government was trying to finance the Vietnam War and the Great Society. That may have influenced the Fed's behavior as well.

You cannot have sustained inflation without monetary policy being too easy. In another famous quote Milton Friedman said, "Inflation is always and everywhere a monetary phenomenon." Nevertheless, a bunch of exacerbating factors made the problem worse and made it more difficult for the Fed to offset the increase in inflation. First, there were a number of shocks to the prices of oil and food. A very striking example occurred in 1973. In October 1973, the Yom Kippur War in the Middle East broke out. In retaliation against U.S. support of Israel, OPEC (Organization of the Petroleum Exporting Countries) used its cartel power to embargo oil exports. Over a short period in the early 1970s, the price of oil almost quadrupled, causing a very sharp increase in gas prices. People were lining up at gas stations to fill their gas tanks. There was a system of even-odd rationing. If your license plate had an even number, you could go to the gas station only on Tuesdays and Thursdays. If it had an odd number, you could go only on Mondays and Wednesdays. It was a very serious issue and there was a lot of unhappiness about gas prices then (as there is today).

Fiscal policy overall was too loose during the late 1960s and early 1970s. The Vietnam War and other government programs increased government spending and increased deficits, which put additional pressure on the capacity of the economy.

Another element that I will mention briefly is wage-price controls. When inflation got up to about 5 percent in the early 1970s, President

Richard Nixon introduced wage-price controls, a series of laws that forbade firms from raising their prices. There were exceptions, and there were all kind of boards to try to find exceptions. It was basically a very unsuccessful policy. As you know, prices are the thermostat of an economy. They are the mechanism by which an economy functions. So, putting controls on wages and prices meant that there were shortages and all kinds of other problems throughout the economy. But in addition, as Milton Friedman put it, this was like dealing with an overheating furnace by breaking the thermostat. The fundamental problem was the fact that there was too much aggregate demand driving up prices, and simply passing a law that forbade raising prices did not address the underlying problem of excessive monetary ease and excessive demand. So, wage-price controls kept inflation artificially low for a couple of years, which made it harder for the Fed to figure out what was going on. When the wage-price controls finally collapsed in disarray, because they were creating so many proximity problems in the economy, inflation surged, like a spring that was released. So there were a lot of causes for the increase in inflation.

Arthur Burns, who was the chairman of the Fed during the 1970s, said, "In a rapidly changing world, the opportunities for making mistakes are legion," which is certainly true. One way to think about this whole episode is that after World War Ⅱ and the end of the Depression, and with the prosperity they saw, economists and policymakers became a little bit too confident about their ability to keep the economy on an even keel. They used the term *fine tuning* to refer to the notion that the Fed and fiscal policy and other government policies could keep the economy more or less perfectly on course and not worry about bumps and wiggles in the economy. That turned out to be too optimistic, too hubristic, as we collectively learned during the 1970s when the efforts of policymakers resulted, not in a lower unemployment rate, which was the original goal, but instead in a very sharp increase in inflation. So one of the themes here is that—and this probably applies in any complex endeavor—a little humility never hurts.

There was a reaction to the increase in inflation in the 1970s, and the key person in this period is Chairman Paul Volcker, who remains to this day an influential figure in economic policy discussions. President Jimmy Carter, whose reelection was seriously threatened by the poor performance of the U.S. economy, appointed Volcker to be the new chairman of the Fed. He did so partly because he thought that Volcker was a tough central banker who would do what was necessary to get inflation under control. And Volcker, who stands six feet eight and smokes a big cigar, certainly gave the impression of somebody who was willing to take strong action. Volcker had been in office for only a few months when he determined that strong action was needed to address the inflation problem. In October 1979, he and the Federal Open Market Committee (FOMC), the policymaking committee of the Fed, instituted a strong break in the way monetary policy was managed. Basically, it allowed the Fed to raise interest rates quite sharply. Raising interest rates slows the economy and brings inflation pressures down. As Volcker said, "To break the inflation cycle, we must have credible and disciplined monetary policy." And it worked. In the years after this program began, inflation fell quite sharply. In figure 8, you can see that from 1980 to 1983, inflation fell from about 12 or 13 percent all the way down to about 3 percent—a relatively quick decline in inflation that offset the problems of the late 1970s. In that respect, the policies of the 1980s were quite successful: they achieved their objective of bringing inflation under control. Nothing is free, however, and one of the effects of these policies was to raise interest rates quite sharply for consumers and businesses. I had just gotten out of graduate school, and I remember in about 1981 or 1982 looking at the possibility of buying a home and being informed that the rate for a thirty-year mortgage was 18.5 percent. So interest rates were quite high and, as one might expect, that brought down economic activity and effective inflation as well.

In figure 9, you see the unemployment rate during this period. The high interest rates, which were necessary to bring down inflation, also caused a very sharp recession. The unemployment rate in 1982 was

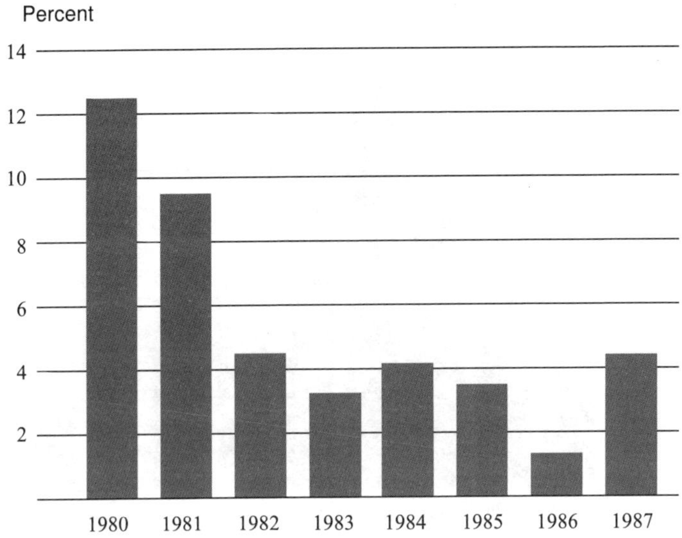

Figure 8. CPI Inflation, 1980–1987

Note: Percentage change calculated from end-of-period to end-of-period.
Source: Bureau of Labor Statistics

almost 11 percent, even higher than we saw in the most recent recession. So, there were definitely very negative side effects from Volcker's actions.

As you can imagine, the political pressure on the Fed and on Chairman Volcker was intense. During this period, it was common practice to mail to the Fed bits of two-by-fours. And on the two-by-fours it would say, "Stop killing construction," or "Save the farmer," or whatever, because the high interest rates were having very negative effects on the economy. I keep a few of these on my desk to remind

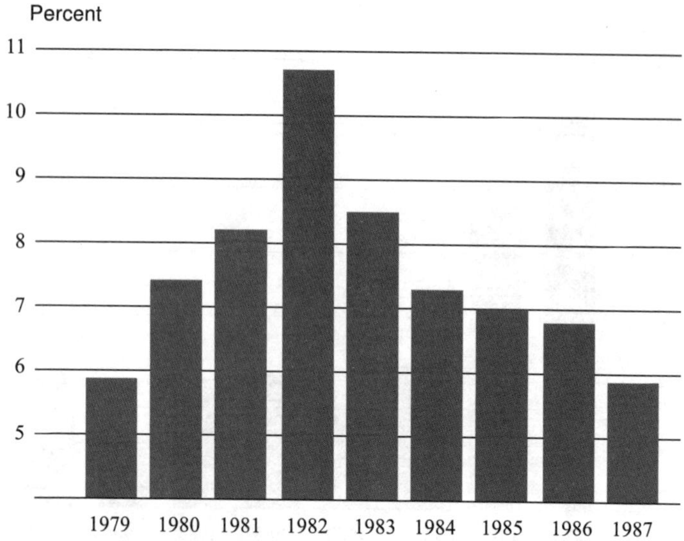

Figure 9. Unemployment Rate, 1979–1987

Note: Fourth-quarter values.
Source: Bureau of Labor Statistics

me that inflation is a concern and that we always have to pay attention to price stability. But this is also an example of why independence is important. If Volcker had needed to be reelected, perhaps he would not have been able to sustain his policy. Instead, he maintained an independent monetary policy. He received at least sufficient support from President Ronald Reagan and from the Congress to be able to carry through the policy, which succeeded in bringing inflation down.

During the 1970s, output and inflation were very volatile. We saw how much inflation moved around. There was a pretty sharp recession in 1973–1975 after the OPEC embargo. And then there was more volatility in the early 1980s as Volcker brought down inflation and the economy went into recession.

Volcker left the chairmanship in 1987, and he was succeeded by Alan Greenspan, who held that position for almost nineteen years, from 1987 to 2006. One of Greenspan's important accomplishments for most of his tenure was achieving greater economic stability. As he said, "an environment of greater economic stability has been key to the impressive growth in the standards of living... in the United States." There was so much improvement in the stability of the economy that the period has come to be known as the Great Moderation, as opposed to the Great Stagflation of the 1970s or the Great Depression of the 1930s. The Great Moderation was a very real and striking phenomenon. Figure 10 shows the variability of real GDP growth from 1950 essentially to the present. The line shows quarterly growth rates in GDP. So a sharp peak shows an increase in GDP growth and a drop shows a decline in GDP growth. These are quarterly numbers. You can see the bounciness—periods of rapid growth followed by periods of slower growth. The shaded area in the left-hand portion of the graph is a one standard deviation band. Essentially, it is a measure of the average volatility of GDP growth quarter to quarter during the period between 1950 and 1985. You can see that GDP growth was pretty variable throughout the entire period. There was a lot of volatility in the economy. There were a

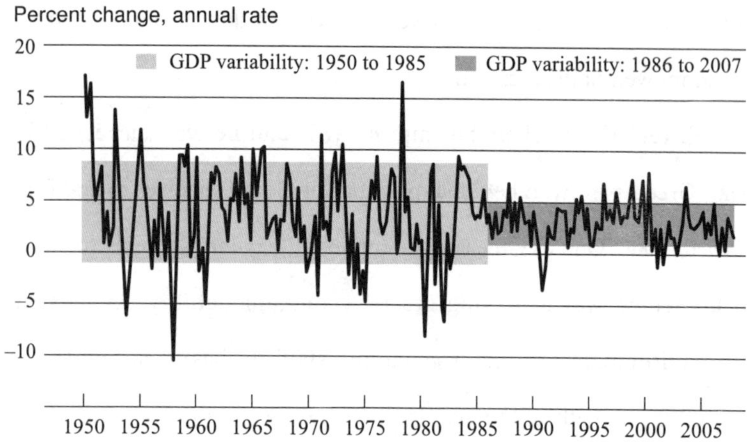

Figure 10. Real GDP Growth, 1950–2010

Note: Data are quarterly. The shaded areas of the graph show plus and minus one standard deviation around the sample period mean of the data, a common measure of data variability.

Source: Bureau of Economic Analysis

number of recessions, including the severe ones in 1973 and 1981. Now, look at what happens to GDP variability between 1986 and 2007 or so. The variability from quarter to quarter is much less, and the shaded band to the right shows the average variability of one standard deviation for GDP growth in this latter period. It is very striking how much more stable the economy was over this roughly twenty-year period.

This was true not only for real GDP growth; it was also true for inflation. Figure 11 shows basically the same picture. The vertical line in the middle of the graph splits the time period into pre-1986 and post-1986. The graph shows inflation quarter by quarter as measured

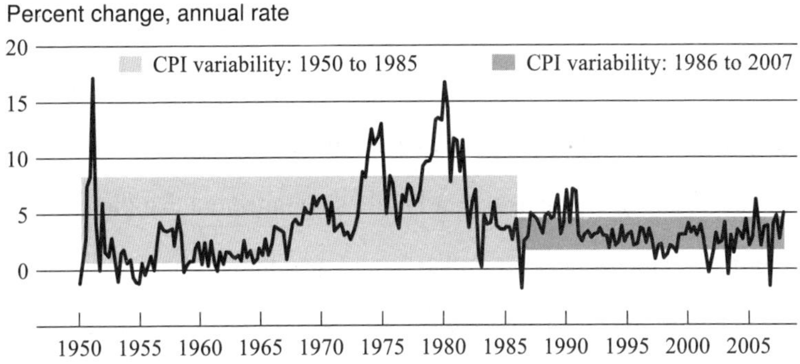

Figure 11. CPI Inflation, 1950–2010

Note: Data are quarterly. The shaded areas of the graph show plus and minus one standard deviation around the sample period mean of the data.

Source: Bureau of Labor Statistics

by the CPI. Again, the shaded bar on the left side of the graph shows one standard deviation average volatility of inflation in the pre-1986 period. You can see the huge spikes in inflation in the 1970s. And then in post-1986, you see much lower volatility. So both growth and inflation were more stable to a quite remarkable extent, which economists commented on quite frequently. That was the so-called Great Moderation.

Why was the economy so much more stable between the mid-1980s and the mid-2000s? Lots of research has been done on this question. There is quite a bit of evidence that monetary policy played a role in creating better stability. In particular, even though Volcker's efforts to bring down inflation in the early 1980s led to a deep recession and a lot of pain in the short term, there was a payoff. That payoff was an economy that was much more stable, with low, stable inflation, more stable monetary policy, and more confidence on the part of business people and households—and that contributed very significantly to broader stability. Remember that Friedman pointed out that there was no long-term tradeoff between inflation and unemployment: one could not permanently lower unemployment by keeping inflation a little higher. That is true. But in a different sense, low and stable inflation over a long period makes an economy more stable and supports healthy growth and productivity and economic activity. So low inflation is a very good thing, and the reduction in inflation that occurred in the 1980s was really a global phenomenon. A lot of countries had inflation problems in the 1980s, but all around the world, even developing countries brought down their inflation rates quite considerably, and that has been a positive for economic growth and stability since the mid-1980s.

Not all of the Great Moderation was caused by monetary policy. Other factors no doubt played a role. One is general structural change in the economy. An example would be that, over time, firms have learned how to manage their inventories much more effectively. The practice of so-called just-in-time inventory management is a practice in which, instead of having large stocks of inventory on hand, firms acquire inputs only when they need them for production. Not having large stocks of inventory on hand reduces an important source of fluctuations in the economy because, if demand slows down and you have a big inventory, then you do not do any more production for quite a while until you run down that inventory. Improved management of inventories is just an example (I could cite many others) of better business practices and other factors in the economy that made things more stable. And it may also be the case that there was just better luck—we had fewer oil price shocks and other things happening—and that too may have contributed to the Great Moderation. But as figures 10 and 11 showed, there was quite a striking change in the way the economy operated after the mid-1980s.

Another aspect of the Great Moderation is that there were not any big, damaging financial crises in the United States. There was a stock market crash in 1987, but it did not do much damage. A more significant event was the boom and bust in the dot-com stocks in the late 1990s, and that touched off a mild recession in 2001. But one of the inferences people took away from the Great Moderation was not only was the economy more stable but the financial system seemed more stable as well. As a result, financial stability policies got deemphasized to some extent during this period.

Let's turn now to the prelude to the financial crisis. One of the key events that led ultimately to the recent crisis was a big increase in house prices. Figure 12 shows prices of existing single-family homes, where January 2000 is indexed to be 100. From the late 1990s until early 2006,

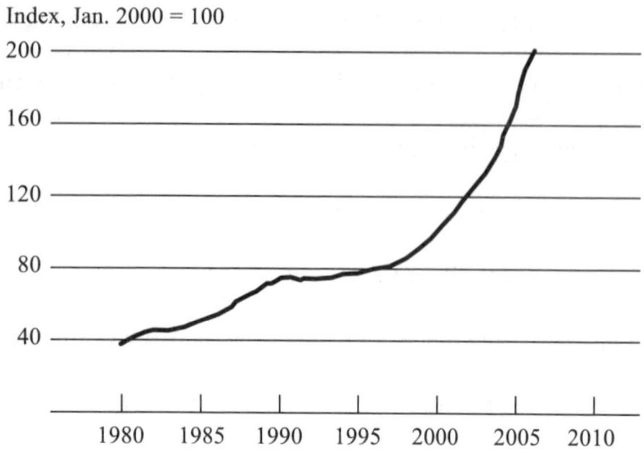

Figure 12. Prices of Existing Single-Family Houses, 1980–2005

Note: Includes purchase transactions only.

Source: CoreLogic

house prices across the country increased by about 130 percent. You can see that line going straight up, a very sharp increase in home prices. And as I will discuss, at the same time that was happening or perhaps a little bit later in the process, the lending standards for new mortgages to buy homes were deteriorating. Now clearly, a big part of what was happening to create the housing bubble or the increase in housing prices was psychology. After all, the late 1990s was a period with a lot of optimism about tech stocks and the stock market more generally. And some of that optimism, no doubt, spilled over into the housing market. So there was an increasing sense that house prices would keep rising and that housing was a "can't lose" investment. I lived in California for a while, earlier than this but during a period when house prices were rising, and all everybody talked about at cocktail parties was, "What's your house worth now?" and "How much money are you making on your home?" It made working seem rather unnecessary because all you had to do was keep checking the real estate listings. So there was a lot of excitement and enthusiasm about the fact that house prices were going up and making everybody rich. At the same time that this was happening, the standards for underwriting new mortgages were getting worse and worse, which in turn was bringing more and more people into the housing market and pushing up prices even further.

Let's talk a bit about mortgage quality. Prior to the early 2000s, home buyers were typically asked to make a significant down payment of 10 percent, 15 percent, maybe 20 percent of the home price. And they had to document their finances (their income, their assets, and so on) in great detail to persuade the bank to make them a loan, which in many cases might be four or five times their annual salary. Unfortunately, as house prices rose, many lenders began to offer mortgages to less-qualified borrowers, so-called nonprime mortgages.[①] These mortgages often required little or no down payment and little or no documentation.

---

① I say "nonprime" instead of "subprime." Subprime mortgages were the lowest-quality mortgages in terms of the credit of the borrowers, but there were other mortgages that were below the quality of prime mortgages: so-called Alt-A and other types of mortgages. They were also not up to the traditional standards of credit underwriting. So I say "nonprime."

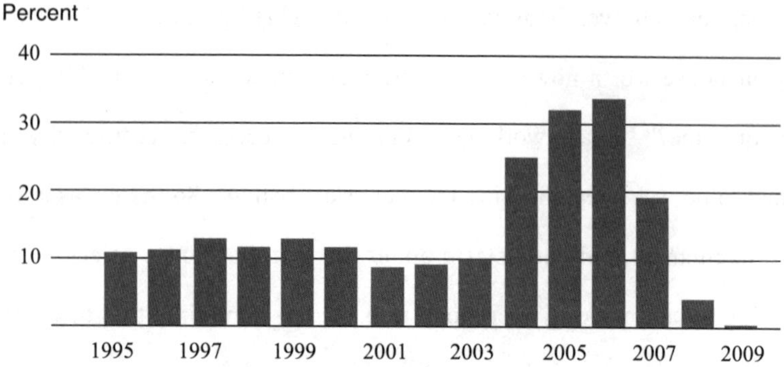

Figure 13a. Nonprime Mortgage Originations (as a Share of Total Originations), 1995–2009

Source: Federal Reserve staff estimates, based on data from Inside Mortgage Finance

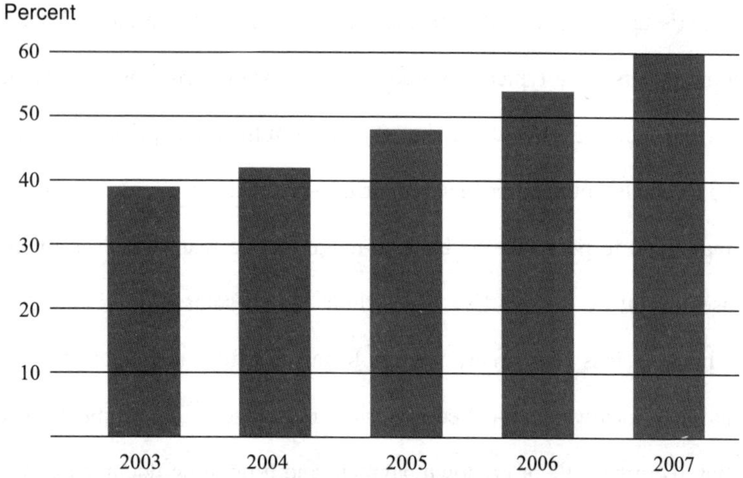

Figure 13b. Percentage of Nonprime Loans with Low or No Documentation, 2003–2007

Source: Derived from data in Christopher Mayer, Karen Pence, and Shane M. Sherlund, "The Rise in Mortgage Defaults," Journal of Economic Perspectives 23 (winter 2009): 27–50, table 1 and table 2, panel C.

Essentially, mortgage lenders were moving further down the credit spectrum, lending to more and more people whose credit was less than stellar. You can see this in a number of different ways. Figure 13a shows the percentage of mortgage originations—that is, new mortgages created—that were nonprime (subprime or Alt-A or some other lower-quality mortgage). You can see the very sharp increase, particularly in the middle of the 2000s and 2006. Almost one-third of all mortgages that were originated were nonprime. Figure 13b shows another indicator of the deterioration of mortgage quality: the percentage of nonprime loans with low or no documentation. If you think about it, this is rather perverse. If you are going to make a loan to somebody whose credit is shaky, who does not have a down payment, whose FICO score is low, and so on, one would think you would want to ask them even more questions about their income and their prospects. But, in fact, it went the other way. And as you can see, by 2007, 60 percent of nonprime loans had little or no documentation of the creditworthiness of the borrower. So there was clearly an ongoing deterioration of mortgage quality.

This situation could not go on forever. Figure 14 shows the debt-service ratio. As house prices went up and up and up, the share of borrowers' incomes being spent on their monthly mortgage payments went up. As you can see, eventually mortgage payments became quite a large share of personal disposable income, finally reaching the point that the cost of homeownership was high enough that it began finally to dampen the demand for new houses. The debt-service ratio collapsed after that, basically because interest rates came down. But the main point here is that high payments on mortgages finally meant that there were no longer new home purchasers, and so the bubble burst and house prices fell. Figure 15 shows home prices. You can see the sharp increase from the late 1990s up until about 2006. But from 2006 until today, house prices have fallen more than 30 percent. So there has been a very sharp decline in home prices across the country.

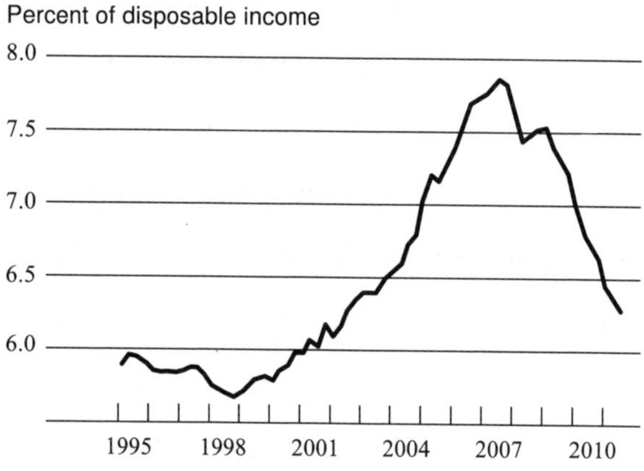

Figure 14. Mortgage Debt-Service Ratio, 1995–2011

Source: Federal Reserve Board

One comment about figure 15: if you look at this graph you might say to yourself, "Oh my gosh, we have a long way to go," because house prices today are still significantly above where they were fifteen years ago. But remember, these prices are in dollar or nominal terms; there is no adjustment for inflation. So even if there was just 2 percent inflation per year, over a period of fifteen years that would raise prices by 30 or 40 percent. So if you adjust for inflation, you find that house prices now are coming much closer to where they were before the beginning of the bubble.

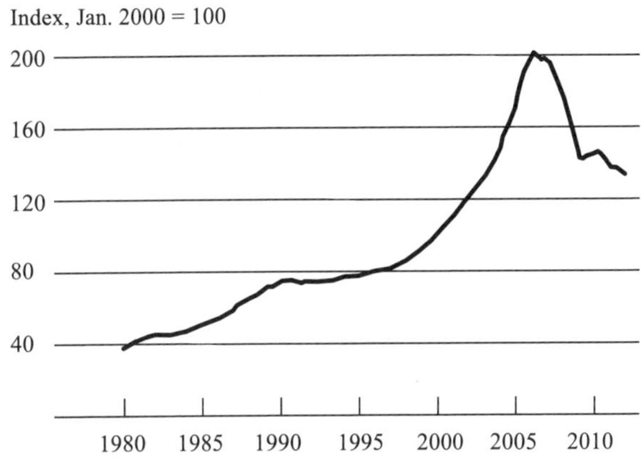

Figure 15. Prices of Existing Single-Family Houses, 1980–2010

Note: Includes purchasetransactions only.

Source: CoreLogic

The house price collapse had some significant consequences. One consequence is that many people who had felt rich because their home values had gone up and they had a lot of equity suddenly found themselves underwater, which means that the amount of money they owed on their mortgages was greater than the value of their homes. This is an upside-down situation where the borrower in fact has negative equity in the home. In figure 16, you can see that starting in 2007, the number of mortgages that were in negative equity grew very sharply. Currently, about twelve or thirteen million mortgages out of a total of about fifty-five million or so in the United States—roughly 20 to 25 percent of all mortgages—are currently underwater.

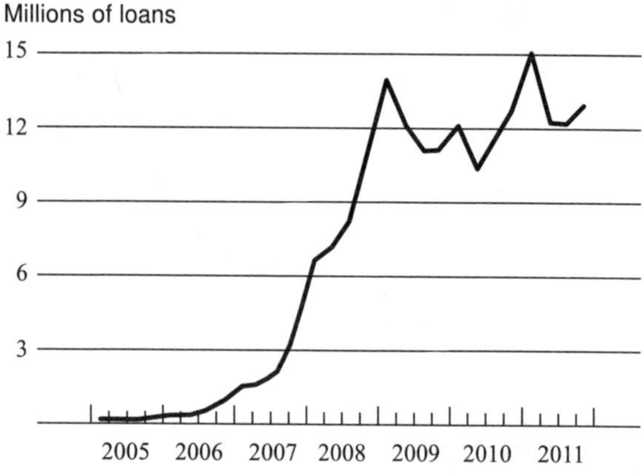

Figure 16. Mortgages with Negative Equity, 2005–2012

Note: Negative equity number likely is understated because of incomplete data on junior liens.

Source: Federal Reserve staff calculations, based on data from CoreLogic and LPS Applied Analytics

At the same time, given the fact that a lot of people borrowed more than they could afford, the decline in house prices also led to a big increase in mortgage delinquencies, people not paying on time, and ultimately the bank taking over the property—that is called a foreclosure—and then reselling the property to somebody else. Mortgage delinquencies are graphed in figure 17, and you can see that in 2009, there were more than five million mortgages in delinquency, which is almost 10 percent of all mortgages. That is a very, very high rate of delinquencies.

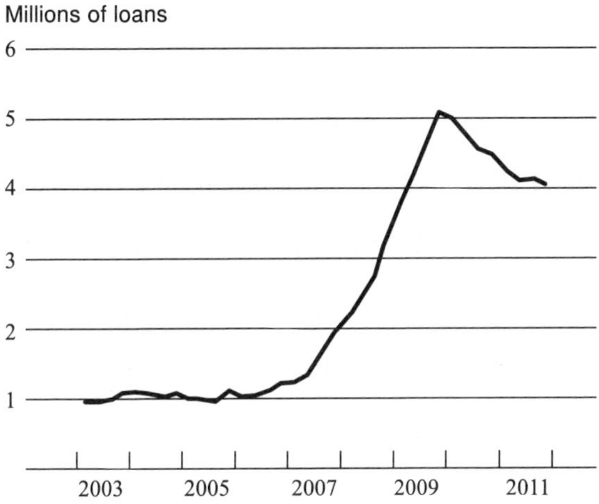

Figure 17. Mortgage Delinquencies, 2003–2012

Note: Loans ninety days or more past due or in foreclosure.

Source: Federal Reserve Board estimates based on data from the MBA National Delinquency survey

We just looked at the effects of the house price bust on borrowers and homeowners, and those are quite serious. But there is another side to this, which is the effect on lenders. With approximately 10 percent of mortgages in delinquency, banks and other holders of mortgage-related securities suffered sizable losses and that proved to be an important trigger of the crisis. There is an interesting question here. In 1999,

2000, and 2001, we had a big increase in stock prices, including, but not confined to, dot-com or tech bubble prices. Those prices fell very sharply in 2000 and 2001, and a lot of paper wealth was destroyed. In fact, the amount of paper wealth destroyed by the decline in dot-com and other stock prices was not radically different from the amount of wealth destroyed by the bursting of the housing bubble. And yet, the dot-com bust led only to a mild recession. The 2001 recession lasted from March to November 2001; it was only an eight-month recession. Unemployment rose, but not nearly so dramatically as in the 1980s or more recently. And so, here we had a big boom and bust in stock prices, but without causing too much serious or lasting damage to the financial system or the economy. In the recent case, we had a housing boom and bust. If we were looking back at 2001, we would think that would cause a slowdown in the economy, but probably it would not be very serious. That was one of the views we were discussing in the Fed in 2006, as we saw house prices decline. Yet, the decline of house prices had a much bigger impact on the financial system and the economy than the decline of stock prices did. To understand that, it is important to make a distinction between triggers and vulnerabilities. The decline in house prices and the mortgage losses were a trigger. They were a match thrown on kindling. There would not have been a conflagration if there had not been a lot of dry tinder around. In this case, there were vulnerabilities in the economy and in the financial system that the housing bust in some sense set afire. In other words, there were weaknesses in the financial system that transformed what might otherwise have been a modest recession into a much more severe crisis.

What were those vulnerabilities? What was it about the financial system of the United States and of other countries as well that transformed the housing boom and bust into a much more serious crisis? There were vulnerabilities both in the private sector of our financial system and also in the public sector. In the private sector, many borrowers and lenders took on too much debt, too much leverage. And one reason they did that may have been the Great Moderation. With twenty years of relatively calm economic and financial conditions, people became more confident, willing to take on more debt. The problem with taking on too much debt is that if you do not have much margin, if the value of your asset goes down, then pretty soon you will find that you have an asset that is worth less than the amount of money you borrowed.

A second, very important problem was that during this period, financial transactions were becoming more and more complex but the ability of banks and other financial institutions to monitor and measure and manage those risks was not keeping up. That is, their IT systems and the resources they devoted to risk management were insufficient for them to understand fully what risks they were actually taking and how big the risks were. So if in 2006 you asked a bank about the effect if house prices fell 20 percent, it probably would have greatly underestimated the impact on its balance sheet because it did not have the capacity to measure accurately or completely the risks that it was facing.

A third problem is that financial firms in a variety of contexts relied very heavily on short-term funding such as commercial paper, which can have a duration as short as one day and most of it is less than ninety days. So, like the banks in the nineteenth century that were relying on deposits and making loans, on the liability side of their balance sheets, they had a very short-term, liquid form of liability, which was subject to runs in the same way that deposits were subject to runs in the nineteenth century.

A final private-sector vulnerability was the use of exotic financial instruments, complex derivatives, and so on. An example of this was the credit default swaps (CDSs) employed by the AIG Financial Products Corporation. AIG used CDSs essentially to sell insurance to investors on the complex financial instruments that the investors held. So basically, AIG was promising that if the investor lost any money on collateralized debt obligations or whatever, AIG would make good. As long as the economy and the financial system were doing well, then they were just collecting the premiums on this insurance, essentially, and there was no problem. But once things went bad, their being on one side of all these bets meant that they were exposed to enormous losses, which had, as we will see, very serious consequences. So those are some of the problems that occurred in the private sector.

There were serious problems in the public sector as well. First, the financial regulatory structure was basically the same structure that had been created in the 1930s during the Depression. And in particular, it did not keep up with changes in the structure of the financial system. One aspect of that was that there were many important financial firms that did not really have any serious, comprehensive supervision by any financial regulator. An example was AIG, which was an insurance company. The insurance regulators looked primarily at the insurance products AIG sold. The Office of Thrift Supervision looked primarily at the small banks that AIG owned. But nobody was really looking carefully at this CDS problem that I was just describing. Another category of firms that did not have much oversight was investment banks such as Lehman Brothers and Bear Stearns and Merrill Lynch. There was no statutory oversight of those firms. They had a voluntary agreement with the SEC for oversight, but there really was not comprehensive oversight of those firms. Another group of firms was the government-sponsored enterprises (GSEs) Fannie Mae and Freddie Mac, which did have a regulator but, for reasons I will explain, the regulation was very inadequate. The regulatory structure had lots of holes in it, and there were many firms that proved important during the crisis that did not have good oversight. Even where the law provided for regulation and supervision, it often was not done as well as it should have been.

Although this was true across the whole range of agencies and parts of the government, since I am the Fed chairman, let me talk about the Fed. The Fed made mistakes in supervision and regulation. I would point out two. One would be in its supervision of banks and bank holding companies, it did not press hard enough on this issue of measuring risks. I mentioned earlier that a lot of banks simply did not have the capacity to thoroughly understand the risks they were taking. The supervisor should have pressed them harder to develop that capacity and, if they did not develop that capacity, should have restricted their ability to take risky positions. The Fed and other bank supervisors did not press hard enough on this, and that turned out to be a serious problem. A second area where the Fed performed poorly was in consumer protection. The Fed had authority to provide some protections to mortgage borrowers that, if used effectively, would have reduced at least some of the bad lending that occurred during the latter part of the housing bubble. But for a variety of reasons that was not done to the extent it should have been. In 2007, when I became chairman, we did undertake some of these protections but it was too late to avoid the crisis. So, where there were authorities and powers, they were not always effectively used, and that led to some weaknesses.

A final, and perhaps more subtle, point is that the way our regulatory system is set up, individual agencies, such as the Fed or the Office of the Comptroller of the Currency or the Office of Thrift Supervision, typically had as their responsibility just a specific set of firms. So the Office of Thrift Supervision was responsible only for thrifts and similar institutions. Unfortunately, the problems that arose during the crisis were much broader based than that. They transcended any single firm or small group of firms; they encompassed the whole system. And so essentially what was missing here was enough attention being paid to things that could affect the system as a whole, as opposed to just individual firms. Nobody was in charge of looking to see whether there were problems related to the overall financial system or the relationships among different markets and different firms that could create stress or even a crisis. So those were some of the vulnerabilities in the public sector.

Let me conclude by talking about a controversial topic, the role of monetary policy. Many people have argued that another contributor to the housing bubble was the fact that the Fed kept interest rates low in the early part of the 2000s following the recession of 2001. When the economy got very weak and there was very slow job growth in 2001 and subsequently, and when inflation fell very low, the Fed cut interest rates. In 2003, the federal funds rate got down to 1 percent. There are people who argue that this was one of the reasons that house prices went up as much as they did. And it is true that one of the purposes of low interest rates that the monetary policy achieves is to increase the demand for housing and thereby to strengthen the economy. As I say, this is very controversial. But it is also very important, not only because we want to understand the crisis but also because we want to think about what we should take into account when we formulate monetary policy in the future. To what extent should we be thinking about things like housing bubbles when we make monetary policy?

We have looked at this in great detail inside the Fed, and there has been a lot of research outside the Fed, and (there is no consensus on this and you will probably hear different points of view) the evidence that I have seen suggests that monetary policy did not play an important role in raising house prices during the upswing. Let me talk a little bit about some of the evidence on this question.

One piece of evidence is the international comparison. People do not appreciate that the boom and bust in the United States was not unique. Many countries around the world had booms and busts in house prices, and those booms and busts were not very closely related to the monetary policies of those particular countries. For example, the United Kingdom had a house price boom that was as big or bigger than that in the United

States. But monetary policy was much tighter in the United Kingdom than it was in the United States. So there is a puzzle for the monetary theory of the house boom. Another example: Germany and Spain both share the euro, so they have the same central bank, the European Central Bank, and the same monetary policy. Germany's house prices remained absolutely flat throughout the entire crisis, whereas Spain had an enormous house price increase, considerably larger than that in the United States. So the cross-national evidence raises at least some doubts that monetary policy played a large role in the housing bubble.

The second issue is the size of the bubble. It is true that changes in interest rates and mortgage rates should affect house prices and demand for homes. And there is a lot of evidence to look at that over a long period of time. But when you look at how much interest rates changed, including mortgage rates, and how much house prices moved, based on historical relationships, you can explain only a very small part of the increase in house prices. In other words, the increase in house prices was much too large to be explained by the relatively small change in interest rates associated with monetary policy in the early part of the 2000s.

The final piece of evidence I would cite is the timing of the bubble. Robert Shiller, an economist who was well known for his work on bubbles, including the housing bubble, argued that the housing bubble began in 1998, which of course is well before the 2001 recession and before the cut in Federal Reserve interest rates. Moreover, house prices rose very sharply after the tightening began in 2004. So the timing does not line up particularly well. Now, the timing does suggest a couple of other possible explanations. One is that 1998 was right in the middle of the tech boom. And it could be that the same psychological optimism, the same mentality that was feeding stock prices, may have been feeding house prices as well. Another possibility that has been pointed out by a number of economists is that in the late 1990s, there was a very serious financial crisis that hit a number of Asian countries and other emerging-market economies as well. After that crisis was tamed, one response was that many emerging-market countries began to accumulate large amounts of reserves, which meant they had to acquire safe dollar assets. So there was a big increase in the demand for assets, including mortgages. It came from abroad as countries decided they needed to acquire more dollar assets to serve as reserves. Interestingly, probably the strongest correlation across countries that you can find to house price increases is capital inflows, the amount of money coming in to buy mortgages and other assets that were perceived to be safe. That timing would also fit with the beginning in 1998 or so.

So, those are some arguments against the view that monetary policy was an important source of the housing bubble. But I emphasize, economists continue to debate this issue, which is a very important one because, going forward, we have to think about the implications of low interest rates for the economy and the financial system. And in particular, currently, just out of caution, the Fed is doing a lot of financial and regulatory oversight to do the best it can to ensure that nothing is getting unbalanced in the financial system.[①]

What were the consequences of the crisis? The economic consequences were severe. Figure 18 shows a measure of financial stress. It is just an index that combines a variety of financial indicators that indicate that the financial system is under great stress. And you can see what happened in 2008 and 2009: a sharp increase in financial stress in the financial markets. Figure 19 shows that the stock mar-ket plunged. The

① If you want to explore this more, here are a few references on the role of monetary policy in the housing bubble. Ben S. Bernanke,"Monetary Policy and the Housing Bubble," speech delivered at the Annual Meeting of the American Economic Association, Atlanta, January 3, 2010, posted at www.federalreserve.gov/newsevents/speech/bernanke20100103a.htm, summarizes some of the evidence. My speech is based very heavily on Jane Dokko and others, "Monetary Policy and the Housing Bubble", Economic Policy 26 (April 2011): 237–287, which presents the results of all the internal Federal Reserve research. Carmen Reinhart and Vincent Reinhart,"Pride Goes before a Fall: Federal Reserve Policy and Asset Markets," NBER Work-ing Paper Series 16815, National Bureau of Economic Research, February 2011, makes the point that interest rates did not move enough to move house prices and also makes the point about capital inflows. Kenneth Kuttner,"Low Interest Rates and Housing Bubbles: Still No Smoking Gun", in Douglas Evanoff, ed., The Role of Central Banks in Financial Stability: How Has It Changed? (Hackensack, NJ: World Scientific, forthcoming), concludes that there was no connection between interest rates and the housing bubble. But I emphasize that this question continues to be debated.

first decline, in 2000 and the 2001 recession, was a very large decline in tech stocks, but notice that the decline in the stock market in the more recent recession was even bigger than the one in 2000 and 2001. Figure 20 shows home construction. You can see the very sharp decline there. Home construction fell before the recession; of course, it was a trigger of the crisis. But looking to the right, you can see that it still has not really begun to recover. And then finally, figure 21 shows that unemployment rose very sharply, peaked around 10 percent, and has currently fallen to about 8.3 percent.

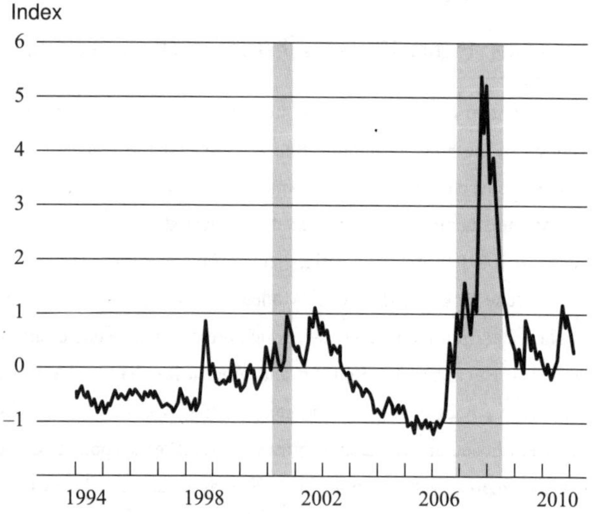

Figure 18. Financial Stress Index, 1994–2012

Source: St. Louis Federal Reserve Bank Financial Stress Index

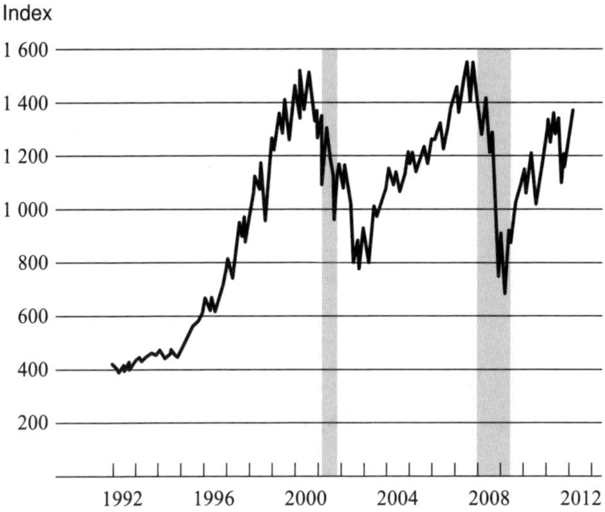

Figure 19. S&P 500 Composite Index, 1992–2012

Source: Bloomberg

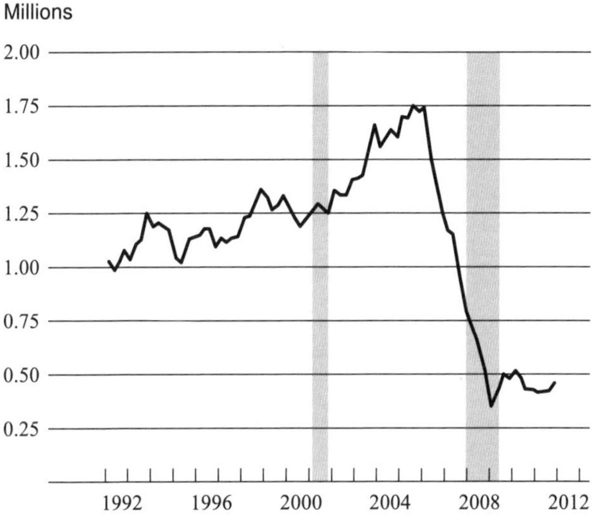

Figure 20. Single-Family Housing Starts, 1992–2012

Source: Census Bureau

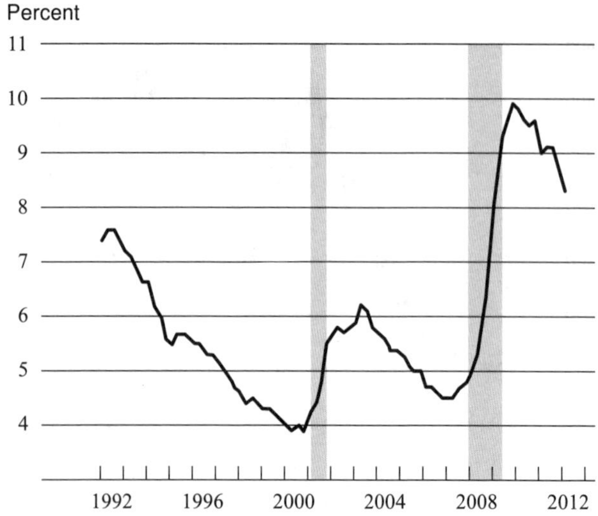

Figure 21. Unemployment Rate, 1992–2012

Note: Value for the first quarter of 2012 is the February reading.

Source: Bureau of Labor Statistics

Dialogues

Student: In the previous lecture, you discussed that in the Depression, it seemed that policy was tightened too early and that led to a double dip. And then today, we were discussing that policy in the 1970s was too slow to tighten. How do we know when the right time is? And is there a right time or does it vary all the time?

Chairman Bernanke: It is challenging, and that is certainly one of the reasons that the Fed has so many economists and models and everything to try to figure out what the appropriate moment is to tighten or to ease policy. Forecasting is not very accurate, and so we have to keep looking at what is happening and make adjustments as we go along. The 1970s was particularly difficult because at that time inflation expectations were not at all tied down. If gas prices went up, then people began to expect higher inflation and then to demand higher wages to compensate for the higher prices. And then, of course, higher wages would feed into higher prices, and so on. That was a result of the fact that everybody expected inflation to go up; nobody had any confidence that the Fed or the government in general would keep inflation low and stable. We have a very different situation now, fortunately—and this owes a lot to Chairman Volcker and to Chairman Greenspan as well. After a long period of low inflation, most people are pretty comfortable that inflation will stay reasonably low despite the fact that there are ups and downs with gas prices and so on. That helps a lot because, with inflation staying low, the Fed has more leeway. If policy is easy for a period, that is not necessarily going to feed into a wage-price spiral that would create a much bigger inflation problem down the road. So, keeping inflation expectations low and stable is one of the great accomplishments of Chairman Volcker and Chairman Greenspan, and it is an important objective of central banks around the world.

Student: I have a question about the low interest rate monetary policy in the early 2000s and your view, with all the different research that was conducted, that it did not spark the housing bubble. If you had been Fed chairman in 2001, would you have kept rates that low? Do you think it was the correct thing to do?

Chairman Bernanke: I was on the Fed Board during that time and the very first speech I wrote when I became a governor in 2002 was about bubbles and financial supervision and regulation. The theme of my speech was "Use the right tool for the job." The problem with tying interest rate policy to perceived bubbles and asset prices is that it is like using a sledgehammer to kill a mosquito. The problem is that housing is only one part of the economy, whereas interest rates are dedicated to achieving overall economic stability. So we estimate that in order to stop the increase in house prices, interest rates would have had to be raised very dramatically in a period when the economy was very weak. Unemployment was still above normal. Inflation was falling toward zero. And generally speaking, the right way to use monetary policy is to achieve overall macroeconomic stability. Now that does not mean you should ignore financial imbalances. I think the Federal Reserve could have been more aggressive on the supervisory and regulatory side to make sure, for example, that the mortgages being originated were of better quality, that firms were appropriately monitoring their risk, and so on. So I think the first line of defense should be regulation and supervision. One of the lessons I talked about today was not to be too sure of anything, to be humble. For that reason, I think we should never rule out the possibility that, if all of our regulatory and other types of interventions do not achieve the stability and the financial system we want, monetary policy might, as a last resort, be modified to some extent to deal with that problem. But again, because monetary policy is such a blunt tool, which affects all asset prices and affects the entire economy, if you can get a laser-focused type of tool, that is going to be much better for everybody.

Student: At the end of the lecture you mentioned the role that global imbalances played in creating the housing bubble. Doesn't the current U.S. monetary and fiscal policy, which focuses on boosting consumption through borrowing more—doesn't that lead us down the same road of overconsumption through borrowing that got us into the crisis in the first place?

Chairman Bernanke: First, we would like to get a better balance in general, so monetary policy stimulates capital formation as well. It also tends to promote exports. So we would like to get a better balance of consumption, investment, and exports, as well as government spending—those are the main components of demand. So current monetary policy is consistent with a better balance. That being said, consumer demand is now far below where it was before the crisis. Consumer spending has not recovered. It is still quite weak relative to where it was before the crisis. Private debt has come down quite a bit. And you mentioned global imbalances, so we are talking about the current account imbalance, or the trade deficit, that the United States has. It has come down quite significantly. So all those things have moved, if anything too far in the short run because we lack a source of demand to keep the economy growing. I agree that every country needs to have an appropriate balance of consumption, capital formation, exports, and government spending, and that is an important task for us. But right now, debt and consumption and so on are still quite low relative to the pattern before the crisis.

Student: The latter part of your lecture was about monetary policy in the 2000s after the dot-com bubble and how interest rates were kept low. You argued that that was not a trigger to the increase in house prices. But to look at it from another point of view, what is your take on the argument that the low interest rates caused private investors and banks to make riskier trades, and that could have been a trigger to the crisis?

Chairman Bernanke: That is a good question. I think there is some effect of low interest rates on risk taking. But, once again, it is an issue of getting the right balance. During a recession, generally speaking, on most dimensions, investors become very cautious. That is certainly where they have been for much of the recent past. You want to achieve an appropriate balance between the amount of risk being taken—not too much, not too little—and once again, this is yet another reason why financial supervision and regulation needs to be playing a role. Particularly with large institutions—banks—we need to be looking directly at those firms and making sure that they are managing their risks appropriately. So, again, it is a question of the right tool for the job.

Student: The graphs on the housing bubble show how, clearly, one thing led to another, like rising prices and then eventually a fall. When you were observing the economy in the 2000s, what did you think would happen to the rising house prices in the housing bubble? Did you think that it would eventually lead to a recession? There is a book called *The Big Short* about some investors who were very prescient in shorting the market. What is your take on that?

Chairman Bernanke: As I tried to argue, the decline in house prices by itself was not obviously a major threat. In 2005, when I was the chairman of the Council of Economic Advisers for President George W. Bush, we did an analysis for him on what would happen if house prices came down. We concluded that we would have a recession, but we did not anticipate that the decline of house prices would have such a broad-based effect on the stability of the financial system. When I became chairman of the Federal Reserve in 2006, house prices were already declining. In the first two weeks after I became chairman, I gave testimony in which I said: house prices are falling; that is going to have negative impacts on the economy and we are not sure of all the consequences. So we were always aware of the possibility that house prices might come down. The really hard thing to anticipate fully was that the effects of the decline in house prices would be so much more severe than the effects of the somewhat similar decline in dot-com stocks. And again, the reason is the way in which the decline in house prices affected mortgages, which affected the soundness of the financial system and created a panic, which in turn led to the instability of the financial system. So the whole chain of events was critical. It was not just the decline in house prices; it was the whole chain.

Student: Amid the dispersion of cheap credit in the years preceding the housing crisis, there was a bipartisan push for American homeownership, originally spearheaded by President Bill Clinton and later carried on by President George W. Bush. To what degree could it be argued that that aggressive government policy supporting increased lending during this period contributed to the eventual erosion of credit standards on behalf of the mortgage originators?

Chairman Bernanke: That is a very good question, and another controversial one. Certainly, there was some pressure to increase homeownership. There was the American dream aspect of owning a home and so on. Homeownership rose during this period. But to put all the responsibility on the government is probably wrong in this case. Most of the worst loans were made by private-sector lenders and then sold for private-sector securitization, that is, they did not touch Fannie Mae and Freddie Mac. For example, they went directly to investors. Fannie and Freddie did acquire some subprime mortgages, but actually that was a little bit later in the process rather than at the beginning of the process. But clearly the private sector, without any encouragement from the government, was a big player in the decline in mortgage underwriting standards and in the selling of bundled mortgages to private investors.

Student: I think one of the hallmarks of the Fed under your leadership has been your commitment to transparency. All of us in this room are beneficiaries of that policy. But I wonder whether you think too much transparency could actually damage the central bank's credibility, if it gets things wrong.

Chairman Bernanke: Generally, I agree that transparency is very important for at least a couple of reasons. I talked already about the importance of a central bank being independent. So there is one linkage there. But if a central bank is independent and making important decisions that affect everybody, then it has to be accountable. People have to understand what it is doing, why it is doing it, and on what basis it makes its decisions. So for democratic accountability, I think it is important for the central bank to be transparent. I testify all the time, I give speeches, I have town hall meetings and other kinds of meetings like this, I give press conferences, and I think it is very important for me to explain what the Fed is doing and why it is doing it. The other reason for transparency is that, over time, there has been increased understanding that most of the time, transparency can make monetary policy work better. So, for example, if the Federal Reserve communicates that its future actions will be X or Y and conveys that information to the markets, the markets may respond by building those expectations into interest rates, which may have a more powerful effect in the economy. So communication also reduces uncertainty and helps increase the impact of monetary policy in financial markets.

Student: My question concerns price stability and inflation expectations. You mentioned the importance of macroeconomic stability and long-run economic growth. Given the massive amount of liquidity that has been pumped into the market recently, how has the Fed been able to keep inflation expectations so low?

Chairman Bernanke: I think we owe something to my predecessors—Chairman Volcker, in particular, and also Chairman Greenspan—who got inflation down low and kept it there. People get used to what they see. And in a world in which inflation remains low year after year, people become more and more confident that the central bank—the Fed or whoever—will meet its mandate of keeping inflation low. It has been very striking that, even though we have had movements in oil prices and other shocks to the economy, deep recession and financial crisis, throughout most of the period inflation expectations have been very well tied down to about the 2 percent range that the Fed is trying to hit.

THE FEDERAL RESERVE AND THE FINANCIAL CRISIS

Lecture 3

The Federal Reserve's Response to the Financial Crisis

Today I want to talk about the Federal Reserve's response to the financial crisis. In the last couple of lectures I mentioned a key theme, the two main responsibilities of central banks—financial stability and economic stability. Let me turn it around and talk about the two main tools. For financial stability, the main tool the central banks have is lender of last resort powers by providing short-term liquidity to financial institutions, replacing lost funding. Central banks, as they have for a number of centuries, can help calm a financial panic. For economic stability, the principal tool is monetary policy; in normal times, that involves adjusting short-term interest rates.

Today I will discuss the intense phase of the financial crisis in 2008 and 2009, and so I will focus primarily on the lender of last resort function of the central bank. I will come back to monetary policy in the final lecture when we talk about the aftermath and recovery.

Last time I talked about some of the vulnerabilities in the financial system that transformed into a crisis the decline in housing prices, which by itself seemed no more threatening than the decline in dot-com stock prices. Because of these vulnerabilities, the decline in housing prices led to a very severe crisis. The vulnerabilities I talked about last time were private-sector vulnerabilities, including the excessive debt taken on perhaps because of the period of the Great Moderation; very important, the banks' inability to monitor their own risks; excessive reliance on short-term funding (which, as a nineteenth-century bank would tell you, makes it vulnerable to a run as short-term funding is pulled away); and increased use of exotic financial instruments such as credit default swaps and others that concentrated risk in particular companies or in particular markets. Those were the vulnerabilities in the private sector.

The public sector had its own vulnerabilities, including gaps in the regulatory structure. Important firms and markets did not have adequate oversight. Where there was adequate oversight, at least by law, sometimes the supervisors and regulators did not do a good enough job. For example, not enough attention was paid to forcing banks to do a better job of monitoring and managing their risks. And finally, an important gap we have really begun to look at since the crisis is that, with individual agencies looking at different parts of the system, not enough attention was being paid to the stability of the financial system as a whole.

Let me talk for a moment about another important public-sector vulnerability, the so-called government-sponsored enterprises (GSEs) Fannie Mae and Freddie Mac. Fannie Mae and Freddie Mac are nominally private corporations (they have shareholders and a board) but they were established by Congress in support of the housing industry. Fannie and Freddie, as they are called, do not make mortgages. You cannot go to Fannie's headquarters and get a mortgage. Instead, they are the middleman between the originator of the mortgage and the ultimate holder of the mortgage. If you are a bank and you make a mortgage loan, if you like you can sell the mortgage to Fannie or Freddie. They will, in turn, take all the mortgages they purchase and put them together into mortgage-backed securities (MBSs) to sell to investors. A mortgage-backed security is just a security that is a combination of hundreds or thousands of underlying mortgages. That process is called securitization. Fannie and Freddie pioneered this basic approach to getting funding from mortgages. In particular, when the GSEs, Fannie and Freddie, sell their mortgage-backed securities, they provide guarantees against credit loss. So if the underlying mortgages in those MBSs go bad, Fannie and Freddie make the investor whole. Now, Fannie and Freddie were permitted to operate with inadequate capital. So they were particularly at risk in a situation with a lot of mortgage losses. They did not have enough capital to make good on their guarantees. Although many aspects of the financial crisis were not anticipated, this one was. Going back for at least a decade before the crisis, the Fed and many other people said that Fannie and Freddie just did not have enough capital and that they were a danger to the stability of the financial system. What made the situation even worse was that Fannie and Freddie, besides selling mortgage-backed securities to investors, also purchased on their own account large amounts of mortgage-backed securities, both their own and some that were issued by the private sector. They made profits from holding those mortgages but, to the extent that those mortgages were not insured or protected, Fannie and Freddie were vulnerable to losses and, without adequate capital, they were at risk.

It was not just the house price boom and bust but also the mortgage products and practices that went along with the house price movements that were particularly damaging and that were important triggers of the crisis. There were a lot of exotic mortgages, by which I mean nonstandard mortgages (standard mortgages are thirty-year prime fixed-rate mortgages). All different other kinds of mortgages were being offered, often to people with weaker credit. One feature that many of these mortgages shared was that, in order for them to be repaid, house prices had to keep increasing. For example, you might be a borrower who would get an adjustable-rate mortgage (ARM), where the initial interest rate was 1 percent, which meant that you could afford the payment for the first year or two. Now, after two years, the mortgage interest rate might go up to 3 percent, then after four years, 5 percent, and then higher and higher. In order to avoid that, at some point you would have to refinance into a more standard mortgage. As long as house prices were going up, creating equity for homeowners, it was possible to refinance. But once home prices stopped rising—and by 2006 they were already declining quite sharply—rather than having built equity, borrowers found themselves underwater. They could not refinance and found themselves stuck with increasing payments on their mortgages.

Some examples of bad mortgage practices include:

- interest-only (IO) adjustable-rate mortgages (ARMs);
- option ARMs (which permit borrowers to vary the size of monthly payments);
- long amortizations (payment periods greater than thirty years);
- negative amortization ARMs (initial payments do not even cover interest costs); and
- no-documentation loans.

Most of these bad mortgage practices shared the feature that they reduced monthly payments early in the mortgage but allowed mortgage payments to rise over time. Take, for example, an option ARM, which is an adjustable-rate mortgage with the option for borrowers to vary how much they pay. They could pay less than the full amount owed each month and what they did not pay just got rolled back into the mortgage. The other common feature of bad mortgage practices, such as no-doc loans, was that there was very little underwriting, which means very little analysis to make sure that the borrower was creditworthy and was able to make the payments on the mortgage.

Figure 22 shows two advertisements from the period that can illustrate some of the issues. I like the one on the right. We removed the name of the company. Let's look at the features it is offering. A "1 percent low start rate": the start rate is what you pay the first year; it does not tell you about the next year. "Stated income" means that you tell the company what your income is, and they write it down; that is all the checking they do. "No documentation" is self-explanatory. A "100 percent finance" means that no down payment is required. "Interest-only loans" means that you pay the interest but you do not have to pay any principle back. And "debt consolidation" is an interesting arrangement that allows you to go to the mortgage company and say, "Well, not only do I want to borrow money to buy the house, but also I want to add

Figure 22. The Deterioration of Lending Practices

in all my credit card debt and everything else I owe, and put that into one big mortgage payment, and I'll pay for that with the 1 percent start rate." Obviously, these are some very problematic practices.

Mortgage companies, banks, savings and loans, and a variety of other institutions originated these nonprime mortgages, but where did these mortgages wind up? How were they financed? Some of them were kept on the balance sheet of the mortgage originator, but many or even most of these exotic or subprime mortgages were packaged in securities and sold off into the market.

Some mortgage-backed securities were relatively simple. If the mortgages were sold to Fannie and Freddie, they had to meet Fannie and

Freddie's underwriting standards. Fannie and Freddie would combine them into mortgage-backed securities and sell them with a guarantee, as I discussed. Those are relatively simple securities made up of basically just hundreds or thousands of underlying mortgages.

But some of the securities that were being created were very complex and very hard to understand. An example would be a collateralized debt obligation (CDO). This would often be a security that combines mortgages and other types of debt together in one package. And it could be sliced in different ways so that one investor could buy the safest part of the security and another investor could buy the riskiest part. These securities were very complicated and required a lot of analysis.

One reason that many investors were willing to buy these securities was because they had the reassurance that the rating agencies, whose job is to rate the quality of bonds and other securities, gave triple-A ratings to many of these securities—essentially saying that these securities were very safe and one did not have to worry about their credit risk. Many of these securities were sold to investors, including pension funds, insurance companies, foreign banks, and even, in some cases, wealthy individuals. But the financial institutions that created these securities often retained some of them as well. For example, sometimes they would create an accounting fiction, an off-balance-sheet vehicle, which would hold these securities and finance itself using cheap short-term funding such as com-mercial paper. So, some of the securities went to investors and some of them stayed with the financial institutions themselves.

In addition, we had companies, such as AIG, that were selling insurance. They were using various kinds of credit derivatives to say, "Pay us a premium and if the mortgages in your mortgage-backed security go bad, we will make you whole." That makes the security triple-A rated. Of course, these practices made the underlying securities no better, and basically they created a situation where risks could be spread throughout the system.

Figure 23 is a diagram showing how a subprime mortgage securitization might work. On the left, where the box reads "low-quality mortgages," you might have a mortgage company or a thrift company making loans. This thrift or mortgage company does not care too much

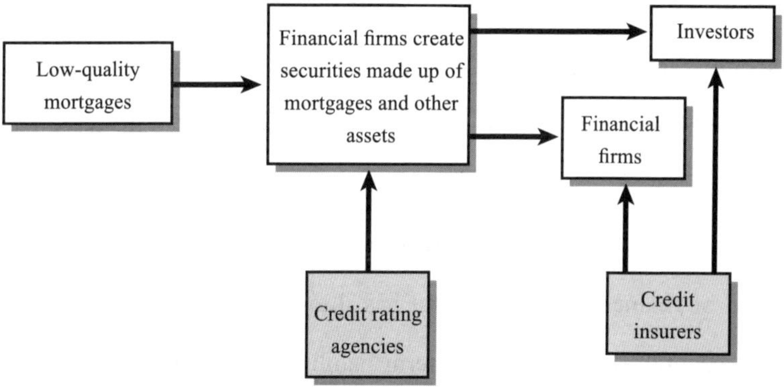

Figure 23. Subprime Mortgage Securitization

about the quality of the loan because the company is going to sell it anyway. So they sell the mortgages to large financial firms, which in turn take those mortgages, and maybe other securities as well, and combine them into a security that is essentially an amalgamation of all the underlying mortgages and other securities.

Now, the financial firm that created the security might negotiate with the credit-rating agency, asking, "What do we have to do to get a triple-A rating?" There would be negotiations and discussion and, in the end, the security would be rated triple-A. The financial firm could then cut up the security in different ways or sell it as is to investors such as pension funds. But again, financial firms kept many of these securities on their own books or in related investment vehicles. And finally, on the right in the figure, you have credit insurers such as AIG and other mortgage insurance companies that for a fee provided insurance in case the underlying mortgages went bad. So this is the basic structure of the securitization process. I have seen complete flowcharts and they are incredibly complex. This is a very simplified version, but the basic idea is there.

As you recall, a financial crisis or panic occurs when you have any kind of financial institution that has illiquid assets (long-term loans, for example) but liquid short-term liabilities (deposits, for example). In a classic bank panic, if bank depositors lose faith in the quality of the assets held by the bank, they run and pull out their money; the bank cannot pay off everybody because it cannot change their loans into cash fast enough; and so the run on the bank is self-fulfilling. The bank will either fail or have to dump all of its long-term assets quickly in the market and take big losses.

The crisis of 2008–2009 was a classic financial panic but in a different institutional setting: not in a bank setting but in a broader financial market setting. As house prices fell in 2006 and 2007, for the reasons I described, people who had subprime mortgages were not able to make the payments. It was increasingly evident that more and more were going to be delinquent or default, and that was going to impose losses on the financial firms, the investment vehicles they had created, and also on credit insurers like AIG. Unfortunately, the securities were extremely complex and financial firms' monitoring of their own risks was not sufficiently strong. The problem was not just the losses. If you put together all the subprime mortgages in the United States and assumed they were all worthless, the total losses to the financial system would be about equivalent to one bad day in the stock market: they were not very big. The problem was that they were distributed throughout different securities and different places and nobody really knew where they were and who was going to bear the losses. So that created a lot of uncertainty in the financial markets.

As a result, wherever you had short-term funding, whether commercial paper or other types of short-term funding, the lenders refused to lend. We had all kinds of funding that was not deposit insured; it was so-called wholesale funding, which came from investors and other financial firms. Whenever there was doubt about a firm, as in a standard bank run, the investors, the lenders, and the counterparties would all pull back their money quickly for the same reason that depositors would pull their money out of a bank that was thought to be having trouble. So there was a whole series of runs, which generated huge pressures on key financial firms as they lost their funding and were forced to sell their assets quickly, and many important financial markets were badly disrupted. During the Depression, thousands of banks failed, but almost all of them, at least in the United States, were small banks (some larger banks failed in Europe). The difference in 2008 was, in addition to the many small banks that failed, there were also intense pressures on quite a few of the largest financial institutions in the United States.

Let's look at some of the firms that came under intense pressure. Bear Stearns, a broker-dealer, came under intense pressure in the short-term funding markets in March 2008 and was sold to JPMorgan Chase with Fed assistance on March 16. Things calmed down a bit after that, and over the summer there was some hope that the financial crisis would moderate. But then in the late summer, things really began to pick up.

On September 7, 2008, Fannie and Freddie clearly were insolvent. They did not have enough capital to pay the losses on their mortgage guarantees. The Federal Reserve worked with Fannie and Freddie's regulator and with the Treasury to determine the size of the shortfall, and over that weekend, the Treasury with the Fed's assistance placed those firms into a form of limited bankruptcy called a conservatorship. At the same time, the Treasury got authorization from Congress to guarantee all of Fannie and Freddie's obligations. So, the firms were in a partial bankruptcy but the U.S. government now guaranteed their mortgage-backed securities. So that protected those investors. That had to be done or else it would have been an enormous intensification of the crisis because investors all over the world held literally hundreds of billions of dollars' worth of those securities.

In the middle of September, Lehman Brothers, a broker-dealer, had severe losses. It came under great pressure and could not find anybody either to buy it or to provide it with capital. And so on September 15th, it filed for bankruptcy. On the same day, Merrill Lynch, another big broker-dealer, was acquired by the Bank of America, basically saving the firm from potential collapse.

The next day, on September 16th, AIG, the largest multidimensional insurance company in the world, which had been selling credit insurance, came under enormous attack from people demanding cash either through margin requirements or through short-term funding. The Fed provided emergency liquidity assistance for AIG and prevented the firm from failing.

Washington Mutual was one of the biggest thrift companies, a big provider of subprime mortgages. It was closed by regulators on September 25th. After parts of the company were split off, JPMorgan Chase acquired this company as well. On October 3rd, Wachovia, one of the five biggest banks in the United States, came under serious pressure and was acquired by Wells Fargo, another large mortgage provider.

All the firms I am talking about were among the top ten or fifteen financial firms in the United States, and similar things were happening in Europe. So, this was not a situation where only small banks were affected. Here we had the largest, most complex international financial institutions on the brink of failure.

Let's review the lessons from the Great Depression, which I discussed in the first lecture. First, the Fed did not do enough to stabilize the banking system in the 1930s, and so the lesson there is that in a financial panic, the central bank has to lend freely, according to Bagehot's principle, to halt runs and to try to stabilize the financial system. Second, the Fed did not do enough to prevent deflation and contraction of the money supply in the 1930s, so the second lesson from the Great Depression is that you need to have accommodative monetary policy to help the economy avoid a deep recession. So, heeding those lessons, the Federal Reserve and the federal government took vigorous actions to stop the financial panic, working domestically with other agencies and internationally with foreign central banks and governments.

Now, one aspect of the crisis that, I think, does not receive enough attention is that it was global. In particular, Europe as well as the United States was suffering very severely from the crisis. But it was also a very impressive example of international cooperation.

On October 10, 2008, as it happened, there was a previously scheduled meeting in Washington of the G7 industrial countries, the seven largest industrial countries, and the central bank governors and the finance ministers of those seven countries met in Washington. Now, I will tell you a deep, dark secret: these big, high-profile international meetings are usually a terrible bore because much of the work is done in advance by the staff. We have a discussion, but the communiqué has already been written by the staff and in most cases what happens at the meeting is fairly routine. This was not one of those boring meetings. We essentially tore up the agenda and discussed what we should do. How should we work together to stop this crisis that was threatening the global financial system? In the end we came up with a statement of principles that was written from scratch, based on some Fed proposals. Among those principles were that we would work together to prevent the failure of any more systemically important financial institutions. This was after Lehman Brothers had failed. We would make sure that banks and other financial institutions had access to funding from central banks and capital from governments. We would work to restore depositor confidence and investor confidence, and then we would cooperate as much as possible to normalize credit markets. This was a global agreement, and the following week, the United Kingdom was the first to announce a comprehensive program to stabilize its banking system. The United States announced major steps to put capital into our banks, and so on. So a lot happened in the next couple of days after this meeting.

To show you how effectively this worked, figure 24 graphs the interest rate charged on overnight loans between banks, the interbank interest rate. Normally, the overnight interest rate between banks is extremely low, far less than 1 percent, because banks need some place to park their money overnight and they have a lot of confidence that it is safe to lend to another large bank overnight. As you can see, starting in 2007 banks lost confidence in one another, which is shown by the increase in the rates they charged one another to make loans. For example, in 2007, you begin to see the pressures as house prices began

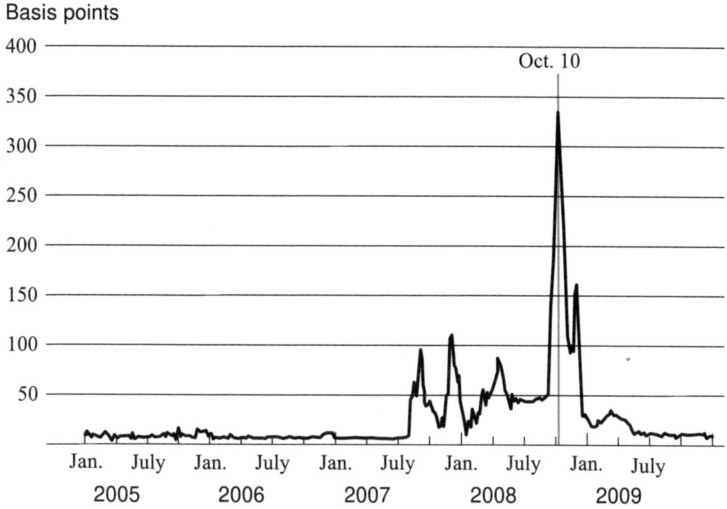

Figure 24. Cost of Interbank Lending, 2005–2009

Note: London Interbank Offered Rate (LIBOR) minus overnight index swap rate

Source: Bloomberg

to fall and there were increasing concerns about the quality of mortgage securities and the financial soundness of firms. In March 2008, you can see another little peak around the time Bear Stearns was forced to sell itself. That does not look like much, in comparison to what happened later, but that was a very difficult period. It was a period of quite sharp movements in financial markets and in funding markets. Now, look what happened in response to Bear Stearns's liquidity problems. There was an enormous spike in interbank market rates, and probably not much lending was taking place even at those high rates. This indicated that suddenly there was no trust whatsoever even between the largest financial institutions because nobody knew who was going to be next, who was going to fail, who was going to come under funding pressure.

Look what happened after the international announcements. Within a few days we began to see a reduction in funding pressure, and by early January there was an enormous improvement in the funding pressures in the banking system. This is a great example of international cooperation and it illustrates the point that this was not just a U.S. phenomenon, it was not just U.S. policy, it was not just the Federal Reserve. It really was a global cooperative effort, particularly between the United States and Europe.

The Fed played an important role, however, in providing liquidity, in making sure that the panic was controlled. I will talk briefly about this in general and then I will present two case studies that will illustrate some of the issues. The Federal Reserve has a facility called the discount window, which it uses routinely to provide short-term funding to banks, maybe a bank that finds itself short of funding at the end of the day. It wants to borrow overnight. It has collateral with the Fed. Based on that collateral, it can borrow overnight at the discount rate, which is the interest rate the Fed charges. So the discount window, which allows the Fed to lend to banks, is always operative. No extraordinary steps were needed to lend to banks. The Fed always lends to banks. We did make some modifications in order to reassure banks about the availability of credit. And to get more liquidity into the system, we extended the maturity of discount window loans, which were normally overnight loans. We made them longer-term and we had auctions of discount window funds, in which firms bid on how much interest they would pay. The idea there was by having a fixed amount that we were auctioning, we would at least assure ourselves that we got a lot of cash into the system. The point here is that the discount window, which is the Fed's usual lender of last resort facility lending to banks, was operative and we used it aggressively to make sure that the banks had access to cash to try to calm the panic.

But our financial system is a lot more complicated than the one that existed when the Fed was created in 1913. We have many different kinds of financial institutions in markets now. And as I said, the crisis was like an old-fashioned bank crisis, but it happened to all different kinds of firms and in different institutional contexts. So the Fed had to go beyond the discount window. We had to create a whole bunch of other programs, special liquidity and credit facilities that allowed us to make loans to other kinds of financial institutions, on the Bagehot principle that providing liquidity to firms that are suffering from loss of funding is the best way to calm a panic. All these loans were secured by collateral. We were not taking chances with taxpayers' money. But the cash was going not just to banks but also more broadly into the system.

Again, the purpose of this was to enhance the stability of the financial system and get credit flows moving again. Let me emphasize that this is the traditional lender of last resort function of central banks that has been around for hundreds of years. What was different was that it took place in a different institutional context than just the traditional banking context.

Here are some of the institutions and markets that we addressed through our special programs. Banks were covered by the discount window. But another class of financial institutions, broker-dealers (financial firms that deal in securities and derivatives), were also facing very serious problems. They included Bear Stearns, Lehman Brothers, Merrill Lynch, Goldman Sachs, Morgan Stanley, and others. The Fed provided cash or short-term lending to those firms on a collateralized basis as well. Commercial paper borrowers received assistance, as did money market funds. In the modern financial system, not just mortgages but also auto loans, credit cards, and all different kinds of consumer credit are funded through the securitization process. For example, a bank might take all of its credit card receivables, bundle them together into a security, and then sell them in the market to investors, much as mortgages are sold, and that is called the asset-backed securities market. The asset-backed securities market essentially dried up during the crisis, and the Fed created some new liquidity programs to help get it started again, which we were successful in doing.

I should mention that although the Fed's lending to banks was totally standard lending through the normal discount window, these other types of lending required the Fed to invoke emergency authority. There is a clause, 13(3), in the Federal Reserve Act that says that under unusual and exigent circumstances (basically, in an emergency), the Fed can lend to entities other than just banks. This authority had not been used by the Fed since the 1930s. But in this particular case, with all these other problems emerging in different institutions and in different markets, we invoked this authority and used it to help stabilize a variety of different markets.

Let me give you a case study that will help you understand what we did and how it helped the economy. I want to talk a little bit here about money market funds. Money market funds are basically investment funds in which you can buy shares, and the funds take your money and invest it in short-term liquid assets. Money market funds historically almost always maintain a one-dollar share price. So they are very much like a bank, and they are often used by institutional investors such as pension funds. A pension fund with thirty million dollars in cash probably would not put that into a bank because that much money is not insured; there is a limit to how much deposit insurance covers.

So what a pension fund might do instead of putting the cash in a bank would be to put the money into a money market fund, which promises one dollar for each dollar put in, plus a little bit of interest on top, and invests in very short-term, safe, liquid assets. So it is a reasonably good way to manage your cash if you are an institutional investor.

As I said, money market shares do not have deposit insurance, but the investors who put their money into a money market fund expect that they can take their money out at any time, dollar for dollar. So they treat it like a bank account, basically. The money market funds in turn have to invest in something, and they tend to invest in short-term assets such as commercial paper. Commercial paper is a short-term debt instrument issued typically by corporations, short-term in that its maturity is ninety days or less. A nonfinancial corporation might issue commercial paper to allow it to manage its cash flow. It might need some short-term money to meet its payroll or to cover its inventories. So ordinary manufacturing companies such as GM or Caterpillar would issue commercial paper to get cash to manage their daily operations. Financial corporations, including banks, would also issue commercial paper to get funds that they could then use to manage their liquidity positions and to make loans to the private economy. Figure 25 is a diagram of how a money market fund works. On the left, you see investors investing their excess cash in the money market fund.

The money market fund buys commercial paper, which is basically a funding source for both nonfinancial businesses, such as manufacturers, and for financial companies that would lend it to other borrowers.

What happened to this arrangement during the 2008 crisis? Lehman Brothers created a huge shock wave. It was an investment bank, a global financial services firm; it was not a bank, so it was not overseen by the Fed. It held lots of securities and it did a lot of business in the securities markets. It could not take deposits, not being a bank. Instead, it funded itself in short-term funding markets, including the commercial paper market. Lehman invested heavily in mortgage-related securities and also in commercial real estate during the 2000s. As house prices fell and delinquencies on mortgages rose, Lehman's financial position got worse and it was also losing lots of money on its commercial real estate

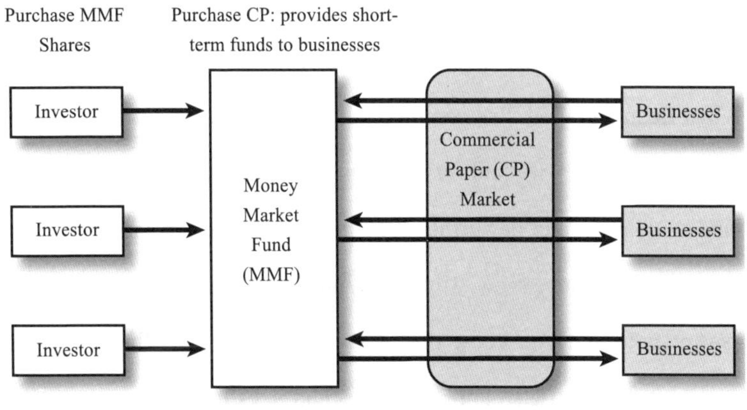

Figure 25. Money Market Funds and the Commercial Paper Market

investments. So Lehman was becoming insolvent, it was losing money on all of its investments, and it was coming under a lot of pressure. And indeed, as Lehman's creditors lost confidence, they started withdrawing funding from Lehman. For example, investors refused to roll over Lehman's commercial paper and other business partners said, "Well, we're not going to do business with you anymore because we're afraid you're not going to be here next week." So Lehman was losing money and increasingly unable to fund itself. It tried with the help of the Federal Reserve and the Treasury to find somebody willing either to put more capital into the firm or to acquire the firm. It was unable to do that, so on September 15th, as I mentioned, it filed for bankruptcy. This was an enormous shock that affected the whole global financial system.

One of the many effects of the failure of Lehman Brothers was on money market funds. One particular fairly large money market fund held, among its other assets, commercial paper issued by Lehman. When Lehman failed, that commercial paper became either worthless or at least completely illiquid for a long time. Suddenly, this money market fund could no longer pay off its depositors at a dollar per share. It didn't, and it lost money. Now, suppose you are an investor in a money market fund and you know that if you ask for your dollar back, you can get it. But you also know that the fund does not have enough cash to pay everybody a dollar. What are you going to do? The same thing nineteenth-century bank depositors would do if they heard that their bank had lost money. So, investors in this fund and then in other money market funds began to pull out their money, just like a standard bank run. We had a very intense bank run or, in this case, a money market fund run, in which investors in these funds began to pull out their money just as quickly as they could.

The Fed and the Treasury responded very quickly to the situation. The Treasury provided a temporary guarantee that investors would get their money back if they did not pull it out right then. And the Fed created a backstop liquidity program, under which it lent money to banks, which in turn used that money to buy some of the assets of the money market funds. That gave the money market funds the liquidity they needed to pay off their depositors and helped to calm the panic.

To give you a sense of what was happening, figure 26 shows the daily money outflows from the money market funds. This is a two-trillion-dollar industry. You see the Lehman bankruptcy, and a couple of days later you see the money market fund breaking the buck, which meant that it was unable to pay its investors a dollar a share. Following that announcement, you can see that for two days, about one hundred billion dollars a day was flowing out of these funds. Within two days, the Treasury announced the guarantee program and the Fed came in to support the liquidity of these funds. And as you can see, the run ended

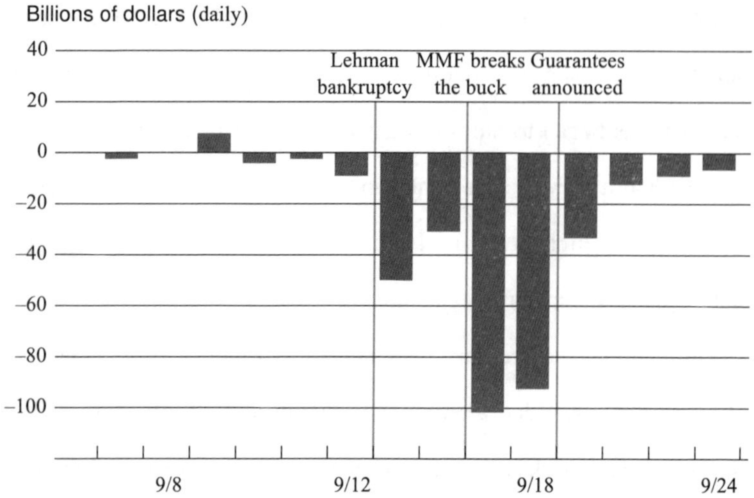

Figure 26. Net Flows to Prime Money Market Funds, September 7–24, 2008

Source: iMoneyNet and Federal Reserve Board staff adjustments

pretty quickly. This was an absolutely classic bank run and a classic response: providing liquidity to help the institution being run provide cash to its investors, and providing guarantees. That successfully ended the run.

But that was not the end of the story, because the money market funds were also holding commercial paper. And as they began to face runs, they in turn began to dump commercial paper as quickly as they could. As a result, the commercial paper market went into shock. This is an excellent example of how financial crises can spread in all different directions. Lehman failed. That, in turn, caused the money market funds to experience a run, which led to a shock in the commercial paper market. So, everything is connected to everything else and it is really hard to keep the system stable. As the money market funds withdrew from the commercial paper market, there was a sharp increase in rates in the commercial paper market, and lenders were not willing to lend for more than maybe one day to commercial paper borrowers, which in turn affected the ability of those companies to function and the ability of those financial institutions to fund themselves.

Once again, the Federal Reserve, responding in the way Bagehot would have had it respond, established special programs. Basically, it stood as a backstop lender; it said: "Make your loans to these companies, and we will be here ready to backstop you if there is a problem rolling over these funds." That restored confidence in the commercial paper market.

Figure 27 shows commercial paper rates. Once again, you can see the panic phenomenon, a sharp increase in rates, which really understates the pressure because it does not include the fact that for many companies, they could not get funding at any interest rate. Or if they got funding, it was only for overnight or very short-term periods. The Fed's actions restored confidence in that market, and you can see the response: rates came back down at the beginning of 2009.

A lot of what I have been discussing you probably did not read too much about in the newspapers. I was working with these critical

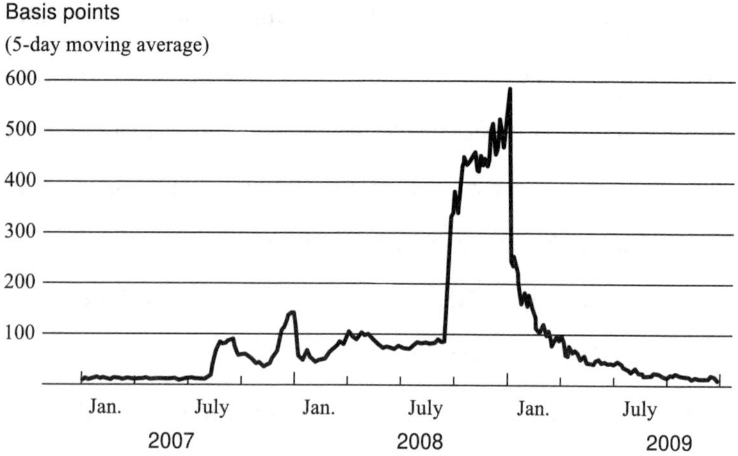

Figure 27. Cost of Short-Term Borrowing, 2007–2009

Note: Spread between the A2/P2 nonfinancial rate and the AA nonfinancial rate
Source: Depository Trust & Clearing Corporation

markets and providing broad-based liquidity to financial institutions to try to bring the panic under control. But the Fed and the Treasury also got involved in trying to address problems with some individual critical institutions.

In March 2008, as I mentioned, a Fed loan facilitated the takeover of Bear Stearns by JPMorgan Chase, avoiding a failure of that firm. The reasons we undertook that action were, first, at the time the financial markets were quite stressed and we were fearful that the collapse of Bear Stearns would greatly add to that stress and perhaps set off a full-fledged financial panic; and second, we judged that Bear Stearns was solvent. At least JPMorgan Chase thought so; it was willing to buy the firm and to guarantee its obligations. So by lending to Bear Stearns, the Fed was acting consistent with the proposition that it should make loans that are likely to be paid back. The Fed felt that it was well secured in making that loan.

In the second example, AIG was very close to failure in October 2008. AIG, again, was the world's largest insurance company. It was a complicated company. It was a multinational financial services company with many constituent parts, including a number of global insurance companies. But part of the company, called AIG Financial Products, was involved in all kinds of exotic derivatives and other types of financial activities, including, as I mentioned, the credit insurance that it was selling to the owners of mortgage-backed securities. So when the mortgage-backed securities started going bad, it became evident that AIG was in big trouble and its counterparties began demanding cash or refusing to fund AIG, and it came under tremendous pressure.

In our estimation, the failure of AIG would have been basically the end. It was interacting with so many different firms. It was so interconnected with both the U.S. and the European financial systems and global banks. We were quite concerned that if AIG went bankrupt, we would not be able to control the crisis any further. Now, fortunately, from the perspective of lender of last resort theory, although AIG was taking a lot of losses in its financial products division, underlying those losses was the world's largest insurance company. So AIG had lots and lots of perfectly good assets. Therefore, it had collateral that it could offer to the Fed to allow us to make a loan to provide the liquidity it needed to stay afloat.

And so, to prevent the collapse of AIG, we used AIG assets as collateral and loaned AIG eighty-five billion dollars. Later, the Treasury provided additional assistance to keep AIG afloat. That was highly controversial. The action was legitimate, we thought, first in terms of lender of last resort theory because it was a collateralized loan—and the Fed has in fact been fully paid back—and second, because AIG was a critical element in the global financial system. Over time AIG stabilized. It has repaid the Fed with interest. The Treasury still owns a majority of its stock, but AIG has been paying back the Treasury as well.

I would like to emphasize that what we had to do with Bear Stearns and AIG is obviously not a recipe for future crisis management. First, it was a very difficult and, in many ways, distasteful intervention that we had to do to prevent the system from collapsing. But clearly, there is something fundamentally wrong with a system in which some companies are "too big to fail." If a company is so big that it knows that it is going to get bailed out, that is not at all fair to other companies. But even beyond that, "too big to fail" gives these big companies an incentive to take excessive risks, where they will say:

"Well, we'll take big risks. Heads I win, tails you lose. If the risks pay off, we make plenty of money. And if they don't pay off, the government will save us." That is a situation that we cannot tolerate.

So, the problem we had in September 2008 was we really did not have any tool—legal tools or policy tools—that allowed us to let Bear Stearns and AIG and the other firms go bankrupt in a way that would not cause incredible damage to the rest of the system. And therefore we chose the lesser of two evils and prevented AIG from failing. That being said, we want to be sure that this never happens again. We want to be sure that the system is changed so that if a large systemically critical firm like AIG comes under this kind of pressure in the future, there will be a safe way to let it fail, so that it can fail and the consequences of its mistakes can be borne by its management and shareholders and creditors without bringing down the whole financial system.

Finally, let me say a few words about the consequences of the crisis. We did stop the meltdown. We avoided what would have been, I think, a collapse of the global financial system. That was obviously a good thing. But one thing that I was always sure of and the Federal Reserve was always sure of was that a collapse of some of these big financial firms was going to have very serious collateral consequences. There were people arguing even as late as September 2008, "Well, why don't you just let the firms collapse? There is a system that can take care of it:

bankruptcy. Why don't you let them fail?" We never thought that was a good option. Particularly, if the whole system had collapsed, we would have had extraordinarily serious consequences.

As it was, even though we prevented a total meltdown, there were still very serious collateral impacts not just on the U.S. economy but on the global economy as well. So following the crisis, even though the crisis was brought under control, the U.S. economy and much of the global economy went into a sharp recession. U.S. GDP fell by more than 5 percent, which is quite a deep recession. Eight and a half million people lost their jobs and unemployment rose to 10 percent.

And, as I said, this was not just a U.S. situation. The U.S. recession was, in fact, a rather average recession. Many countries around the world had worse declines, particularly those dependent on international trade. So it was a global slowdown. And as all this was happening, fears of another Great Depression were very real. Nevertheless, the Great Depression was much worse than the recent recession. And I think the view is increasingly gaining acceptance that without the forceful policy response that stabilized the financial system in 2008 and early 2009, we could have had a much worse outcome in the economy.

I will close with a couple of indicators to compare the recent recession with the Great Depression. First, figure 28 shows the stock market. The darker line starts in August 1929, which was the peak of the stock market before the Great Depression. The lighter line shows the more recent stock prices, starting in October 2007. And then each of the graphs shows you the evolution of stock prices in the Depression period and in the more recent period. What is striking is that for the first fifteen or sixteen months, stock prices in the United States behaved in this crisis very much as they did in 1929 and 1930. But about fifteen or sixteen months into the recent crisis, in early 2009, about the time that the financial crisis was stabilizing, look what happened. In the Depression era, stock prices kept falling and, as I mentioned, in the end stock prices lost 85 percent of their value. In the recent crisis, by contrast, U.S. stock prices recovered and began a long recovery, and they now are more than double where they were three years ago.

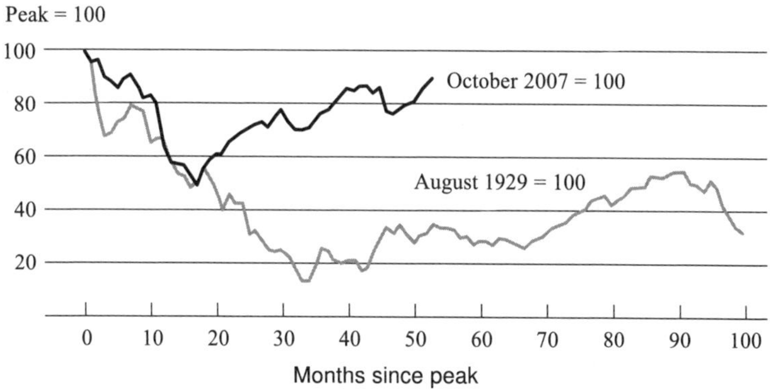

Figure 28. S&P 500 Composite Index for Up to 95 Months since Peak, 1929 versus 2007

Figure 29 shows industrial production, a measure of output. Again, the lighter line graphs the more recent data. The darker line graphs the Depression-era data. You can see that in this recent crisis the fall in industrial production was not quite as severe or as fast as in the Depression. But you get the same basic phenomenon that about fifteen to sixteen months into the episode, about the time that the financial crisis was brought under control, industrial production bottomed out and began a period of steady recovery, whereas in the Depression, the collapse continued for several more years.

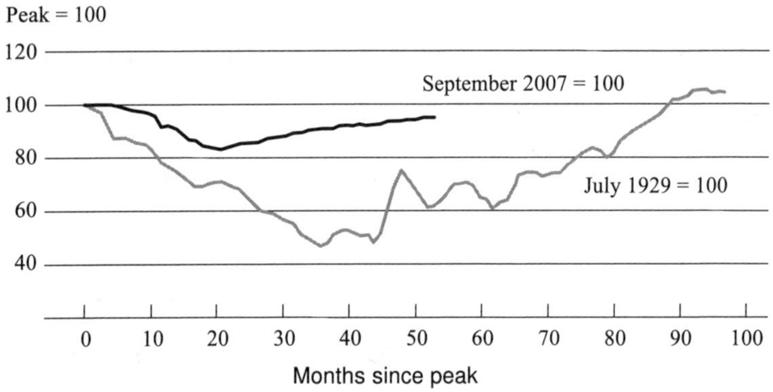

Figure 29. Industrial Production for Up to 95 Months since Peak, 1929 versus 2007

Source: Federal Reserve Board

Dialogues

Student: In both this lecture and the previous one, you mentioned the increasing issuance of exotic and subprime mortgages. Why are financial institutions willing to bear so much risk to lend even to borrowers with poor credit? And if they had foreseen the decreasing prices in the housing market, would they still have made those loans?

Chairman Bernanke: There were a couple of reasons. One was simply the fact that firms were probably too confident about house price increases and said, "Well, house prices are likely to keep rising." And in a world in which house prices are rising, these are not such bad products because people can afford to pay for a year but then they can refinance to something more stable, and this may be a way to get people into housing. But the risk was that house prices would not keep rising, and of course that is ultimately what happened.

The second reason was that the demand for securitized products grew very substantially during this period. In part, there was a large international demand from Europe and from Asia for high-quality assets, and always-clever U.S. financial firms figured out that they could take a variety of different kinds of underlying assets, whether subprime mortgages or whatever, and through the miracle of financial engineering they could create from them at least some securities that would be rated triple-A, which they could then sell abroad to other investors. Unfortunately, that sometimes left them with the remaining bad pieces, which they kept or sold to some other financial firm.

So there were trends in the financial markets, including overconfidence about their ability to manage those risks; a belief that house prices would probably keep rising; a sense that after they made those mortgages, they could sell them to somebody else and that other investor would be willing to acquire them; a big demand for "safe assets." For all those reasons, it was actually a very profitable activity while it lasted. It was only when house prices began to fall that it became a big loser.

Student: You were talking about how one of the major things the Fed had to do was figure out how to get liquidity flowing again in the market. That reminds me of the Volcker Rule because, as I understand it, the Volcker Rule bans proprietary trading by investment banks, but it also left gray areas for principal trades, which, as I understand, are very important for market makers to create markets and find liquidity. So I wonder what you think about that. Doesn't that seem rather counterintuitive?

Chairman Bernanke: Well, the Volcker Rule is a part of the Dodd-Frank financial regulatory reform, which the Fed and other agencies are tasked with implementing. The purpose of the Volcker Rule, as you said, is to reduce the risk of financial institutions by preventing banks and their affiliates from doing proprietary trading, which means doing short-term trading on their own accounts. The Dodd-Frank law recognizes that there are legitimate reasons that banks might want to acquire short-term securities and it makes certain exceptions for them. They include, for example, hedging against risk. But one particular exception is to make markets, to serve as intermediaries who buy and sell in order to create liquidity in a particular market—that is exempted from the Volcker Rule. One of the challenges of implementing this rule is trying to figure out how to create a set of standards that allows the so-called exempted or legitimate activities, such as market making and hedging, while ruling out proprietary trading. That is very difficult, and we are working on that. We put out a rule and we have gotten thousands of comments, which we are looking at to figure out how best to do that.

But the point you raised is that liquidity in markets is important. During the crisis, it was a much worse problem than just a lack of trading volume. You had big financial institutions unable to find the funding to support their asset positions, which left them with two possibilities: either defaulting because they do not have enough funding, or (the tack that many of them took) selling off assets as quickly as possible, which in turn spreads panic. Because if there is a huge seller's market for, say, commercial real estate bonds, that is going to drive the price down very sharply. And then any company that is holding those bonds finds its financial position being eroded and that creates pressure on it.

I did not use the word *contagion* in my discussion. A contagion, just as in an illness context, is the spreading of panic, the spreading of fear from one market or institution to another.

Contagion has been a major problem in many financial panics, and certainly in this one. That was one of the mechanisms that caused funding pressures to jump from firm to firm and created such a broad-based problem.

Student: I have a question about global collaboration during the financial crisis. You talked about the G7 in 2008. Specifically, as we saw multinational corporations begin to be on the brink of failure, what pressures came from the international community when the decision to, say, bail out AIG was being debated?

Chairman Bernanke: Well, there weren't any real pressures. Everything was happening too fast. I think one area where collaboration was not as good as we would like was in dealing with some of these multinational firms. For example, there were problems between the United Kingdom and the United States over the failure of Lehman Brothers, and inconsistencies that caused problems for some of Lehman's creditors.

So one of the things we are trying to do under the Dodd-Frank financial reform legislation, as I mentioned before, is to create provisions for safely allowing large financial firms to fail. But one of the complexities is that many of the firms that this would be applied to are multinational firms, operating not just in two or three countries but maybe in dozens of countries. And so, we are collaborating with other countries in figuring out how we would work together to help a large multinational firm fail as safely as possible. We tried during the crisis to cooperate in mostly ad hoc ways, and we were in touch with regulators in the United Kingdom and elsewhere. But, given the time frame and the lack of preparation, we did not do as much as we would have been able to do with more lead time. So I think that was a weakness of international collaboration.

For the most part, though, countries cooperated in dealing with the financial institutions that were based in their own countries. AIG was an American company, and we dealt with that, whereas Dexia, which was a European company, was dealt with by the Europeans. Also, there was a lot of cooperation between central banks. A lot of European banks needed dollar funding as opposed to euro funding. They use dollar funding because they hold dollar assets and they make loans to support trade, which is often done in dollars, so they needed dollars. The European Central Bank cannot provide dollars. So we did what was called a swap, where we gave the European Central Bank dollars and they gave us euros. They took the dollars we gave them and lent them on their own recognizance to European banks, easing dollar funding pressures around the world. So, those swaps, which are still in existence because of the recent issues in Europe, were an important example of collaboration. Also, in October 2008, right as this crisis was intensifying, the Federal Reserve and five other central banks all announced interest rate cuts on the same day. So we coordinated even our monetary policy. There were some areas, such as multinational firms, where a lot more preparation was needed and we are still working on those things cooperatively today.

Student: Could you elaborate on the off-balance-sheet vehicles that were being used and why banks were allowed to keep that much information off their books?

Chairman Bernanke: It has to do with accounting rules, basically. You create this separate vehicle, and the bank might have substantial interest in that vehicle. It might, for example, have a partial ownership. It might have some promises to provide credit support if it goes bad or liquidity support if it needs cash. But under the rules that existed at that time, if the amount of control that the bank had on this off-balance-sheet vehicle was sufficiently limited, then according to the accounting rules, the bank could treat it as a separate organization, not part of the bank's own balance sheet. That allowed the banks to get away with holding somewhat less capital reserves, for example, than they would have had to carry if all these assets were on their own balance sheets.

One of the many good developments since the crisis is that these rules have been reworked, and many of the off-balance sheet vehicles that existed before the crisis would no longer be allowed. They would have to be consolidated, which means they would have to be made part of the bank's balance sheet, have appropriate capital reserves, and so on. So those practices are not completely gone, but the accounting rules have greatly tightened the situations and circumstances under which a bank can put something off its balance sheet into a separate investment vehicle.

Student: You mentioned several large firms that came under pressure in 2008 and also the Fed's doctrine, if you will, of "too big to fail." Where do you draw the line between bailing out a bank and allowing it to fail? Is it arbitrary or is there some sort of methodology that the Fed goes by?

Chairman Bernanke: This is a great question. First, I want to resist the word *doctrine*. These firms proved to be too big to fail in the context of a global financial crisis. That was a judgment we made at the time based on their size, their complexity, their interconnectedness, and so on. It was not something that we ever thought was a good thing. Again, one of the main goals of the financial reform is to get rid of "too big to fail" because it is bad for the system. It is bad for the firms. It is unfair in many ways, and it would be a great accomplishment to get rid of "too big to fail." So it was not something that we advocated or supported in any way. We were just in a situation where we were forced to choose the least bad of a number of different options.

During the crisis, we had to make judgments on a case-bycase basis, and we were trying to be as conservative as possible. In the case of AIG, there was really not much doubt in our minds. This was a case where action was necessary, if at all possible. Lehman Brothers was itself probably "too big to fail," in the sense that its failure had enormous negative impacts on the global financial system. But there we were helpless because it was essentially an insolvent firm. It did not have enough collateral to borrow from the Fed. We cannot put capital into a firm that is insolvent. This was before the Troubled Asset Relief Program (TARP), which provided capital that the Treasury could use. So we had no legal way to save Lehman Brothers. I think if we could have avoided letting it fail, we would have done so. In the two cases where we intervened, Bear Stearns and AIG, the judgment was pretty clear, given not only the firms themselves but also the environment at the time.

Now interestingly, we have had to get much more into this issue since the crisis because there are a number of different rules and regulations that actually require the Fed and other regulatory agencies to make some determination about how systemically critical a firm is. For example, the new Basel 3 capital requirements require the largest, most systemically critical firms to have a capital surcharge. They have to hold more capital than firms that are not as systemically critical. As part of that process, the international bank regulators have worked together to set up criteria relating to size, complexity, interconnectedness, derivatives, and a whole bunch of other criteria that help determine how much extra capital these large firms have to hold. Likewise, the Fed, when it considers a proposed merger of two banks, now has to evaluate whether the merger would create a systemically more dangerous situation. So we have worked hard, and we have put out a variety of criteria including some numerical thresholds that we look at to try to figure out if a merger creates a systemically critical firm, and if it does, we are not supposed to allow that merger to happen.

So, the science of doing this is progressing. It is still in its infancy. But we are looking very seriously at this and, indeed, now that the Fed has become much more focused on financial stability, we have a whole division of people working on various metrics and indicators to try to identify risks to the system and firms that need to be particularly carefully supervised and maybe required to hold extra capital because of the potential risk they pose to the system.

Student: One vulnerability that you mentioned was that the credit-rating agencies were assigning triple-A ratings to securities that carried much more risk than perhaps a triple-A rating might warrant. It seems as though the incentives would be aligned for the buyers to seek out ratings that were more accurate because they would be taking on more risk. Was there a systemic problem as far as how incentives were aligned within the credit-ratings system that allowed these faulty ratings to propagate throughout the system?

Chairman Bernanke: Yes, there were some incentive problems, and you identify one of them, which is that, instead of the seller of the security being the one who hires and pays the credit rater, you would think that it would be in the interest of the buyers, who after all are the ones bearing the risk, to band together and pay the credit rater to give them the best opinion they can about what the credit quality is of the security.

Unfortunately, that model does not seem to work. The problem is what economists call a free-rider problem. Basically, if five investors get together and pay Standard and Poor's to rate a particular issuance, unless they can keep that completely secret, anybody else can find out what the rating was and take advantage of that without being part of the consortium that paid.

So there have been a lot of ideas out there about how you can restructure the payment system to create better incentives for credit raters. But it is a challenging problem because, again, the "obvious solution" of having the investors pay only works if the investors collectively can share the cost and somehow keep that information from being spread among other investors.

THE FEDERAL RESERVE AND THE FINANCIAL CRISIS

Lecture 4

The Aftermath of the Crisis

Today I want to talk about the aftermath of the crisis. To recap, I talked last time about the most intense phase of the crisis, in late 2008 and early 2009: financial panic both in United States and in other industrialized countries; the threat to the stability of the entire global financial system; the Federal Reserve in its lender of last resort role, working with others, provided short-term liquidity to help stabilize key institutions and markets.

One of the conclusions we can now draw, having looked at the history, is that rather than being some ad hoc and unprecedented set of actions, the Fed's response was very much in keeping with the historic role of central banks, which is to provide lender of last resort facilities in order to calm a panic. What was different about this crisis was that the institutional structure was different. It was not banks and depositors; it was broker-dealers and repo markets, money market funds and commercial paper. But the basic idea of providing short-term liquidity in order to stem a panic was very much what Bagehot envisioned when he wrote *Lombard Street* in 1873.

I have been focusing on the Fed's actions, but the Fed did not work alone. We worked in close coordination with other U.S. authorities and foreign authorities. For example, the Treasury was engaged after the Congress approved the so-called TARP legislation. The Treasury was in charge of making sure that banks had sufficient capital and the U.S. government took an ownership position in many banks that was essentially temporary. Most of those have now been reversed. The FDIC played an important role. In particular, the $250,000 deposit insurance limits were raised essentially to infinity for transaction accounts. And the FDIC also provided guarantees to banks that wanted to issue corporate paper of up to three years' maturity in the marketplace. For a fee, the FDIC guaranteed those issuances so that banks could get longer-term funding. So this was a collaborative effort between the Fed and other U.S. agencies.

We also worked closely with foreign agencies. I mentioned last time the currency swaps, in which the Fed gave dollars to foreign central banks in exchange for their own currencies. And those foreign central banks took the dollars and, at their own risk, made dollar loans to financial institutions that required dollar funding. We also, of course, continue to be in close touch with finance ministers and regulators around the world as we try to coordinate to deal with the crisis.

Putting out the most intense phase of the fire was not really enough. There has been a continuing effort to strengthen the financial and banking systems. For example, in a quite successful action that I think was very constructive, the Fed, working with the other banking agencies, led stress tests of the nineteen largest U.S. banks in the spring of 2009. This was not long after the most intense phase of the crisis. In an unprecedented way, we disclosed to the markets what the financial positions were of the major banks. Those stress tests, which confirmed that our banks could survive even a return to worse economic and financial conditions, created a great deal of confidence in investors and allowed banks to raise a great deal of private capital and, in many cases, to replace the government capital they received during the crisis. The process of stress testing has continued. Just a couple of weeks ago, the Fed led another round of stress tests, a very demanding set of stress tests. Our banks did quite well. They have raised a great deal of capital even since 2009. In many ways, they are in a stronger position in terms of capital than they were even prior to the crisis.

So these are steps that are being taken to try to get the banks back into full lending mode. It is still in progress, but restoring the integrity and the effectiveness of the financial system is obviously part of getting us back to a more normal economic situation.

Let me say a few words about the lender of last resort programs. As I have already argued at some length, the programs did appear to be effective. They arrested runs on various types of financial institutions and they restored financial market functioning. The programs, which were instituted primarily in the fall of 2008, were mostly phased out by March 2010. And they were phased out really in two different ways.

First, some of the programs just came to an end. But more often, in making loans to provide liquidity to financial institutions, the Fed would charge an interest rate that was lower than the crisis rate, the panic rate, but higher than normal interest rates. And so as the financial system calmed down and rates came back down to more normal levels, it was no longer economically or financially attractive for the institutions to keep borrowing from the Fed, and so the program wound down quite naturally. We did not have to shut them down; they basically disappeared on their own.

The financial risks that the Federal Reserve took in the lender of last resort programs were quite minimal. As I have described, lending was mostly short term. It was backed by collateral in most cases. In December 2010, we reported to Congress all the details involved in twenty-one thousand loans that the Fed made during the crisis. Of those twenty-one thousand loans, zero defaulted. Every single one was paid back. So even though the objective of the program was stabilizing the system rather than profit making, the taxpayers did come out ahead on those loans.

So that was lender of last resort activity. That was the fire hose to put out the fire of the financial crisis. But even though the crisis was contained, the impact on the U.S. and global economies was severe. And new actions were needed to help the economy recover. Remembering that the two basic tools of central banks are lender of last resort policy and monetary policy, we now turn to the second tool, monetary policy, which was the primary tool used to try to bring the economy back after the trauma of the financial crisis.

Conventional monetary policy involves management of the overnight interest rate called the federal funds rate. By raising and lowering the short-term interest rate, the Fed can influence a broader range of interest rates. That, in turn, affects consumer spending, purchases of homes, capital investment by firms, and the like, and that provides demand for the output of the economy and can help stimulate a return to growth.

Just a few words on the institutional aspects. Monetary policy is conducted by the Federal Open Market Committee, which meets in Washington eight times a year. During the crisis, it sometimes also held video conferences. When we have a meeting of the FOMC, there are nineteen people sitting around the table. There are the seven members of the Board of Governors, who are appointed by the president and confirmed by the Senate. And then there are the twelve presidents of the twelve Federal Reserve banks, each of whom is appointed by the board of directors of that regional Reserve Bank and then confirmed by the Board of Governors in Washington. So there are nineteen people around the table. We all participate in the monetary policy discussion.

When it comes time to vote, the system is a little bit more complicated. At any given meeting only twelve people are able to vote. The seven members of the Board of Governors have a permanent vote at every meeting. The president of the New York Federal Reserve Bank also has a permanent vote, which goes back to the beginning of the system and the fact that New York remains the financial capital of the United States. For the other four votes, there is a rotation system: each year, four of the eleven other Reserve Bank presidents vote, and then the next year, a different set of four vote. So again, there is a total of twelve votes in any given meeting or on any given decision on monetary policy but the entire group participates in the discussions.

Figure 30 shows the federal funds rate, the short-term interest rate that is a normal tool the Fed uses for monetary policy. You can see that at the end of Chairman Greenspan's term and the beginning of

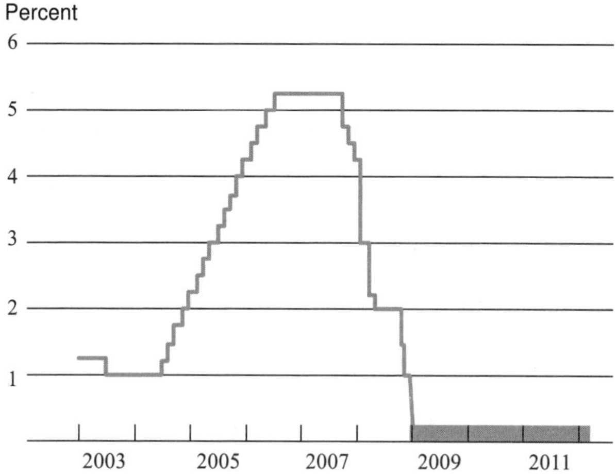

Figure 30. Federal Funds Target Rate, 2003–2011

Source: Federal Reserve Board

my term in 2006, we were in the process of raising the federal funds rate in an attempt to normalize monetary policy after having easier policy earlier in the decade in order to help the economy recover from the 2001 recession. But in 2007, as problems began to appear in the subprime mortgage market, the Fed began to cut interest rates. You can see on the right side of the graph that interest rates were sharply reduced. And by December 2008, the federal funds rate was reduced to a range of between 0 and 25 basis points. A basis point is one-hundredth of 1 percent, so 25 basis points means one-quarter of 1 percent. By December 2008, the federal funds rate was reduced basically to zero. It cannot be cut any more, obviously.

So, as of December 2008, conventional monetary policy was exhausted. We could not cut the federal funds rate any further. And yet, the economy clearly needed additional support. Into 2009, the economy was still contracting at a rapid rate. We needed something else to support recovery, and so we turned to less conventional monetary policy. The main tool we have used is what we in the Fed call the large-scale asset purchases, or LSAPs, known in the press and elsewhere as quantitative easing, or QE. These large-scale asset purchases were an alternative way of easing monetary policy to provide support to the economy.

So how does this work? To influence longer-term rates, the Fed began to undertake large-scale purchases of Treasury and GSE mortgage-related securities. So, just to be clear here, the securities that the Fed has been purchasing are government-guaranteed securities, either Treasury securities, that is, government debt of the United States, or Fannie and Freddie securities, which were guaranteed by the U.S. government after Fannie and Freddie were taken into conservatorship.

There have been two major rounds of large-scale asset purchases, one announced in March 2009, often known as QE1, and another announced in November 2010, known as QE2. There have been some additional variations since then, including a program to lengthen the maturity of our existing assets, but these were the two biggest programs in terms of their size and their impact on the Fed's balance sheet. Taken together, these actions increased the Fed's balance sheet by more than two trillion dollars.

Figure 31 shows the asset side of the Fed's balance sheet, to help us see the effects of the large-scale asset purchases. The bottom layer is the traditional securities holdings. To be absolutely clear, even under normal circumstances the Fed always owns a substan-tial amount of U.S. Treasuries. We owned more than eight hundred billion dollars' worth of U.S. Treasuries before the crisis began. It is not as though we began buying them from scratch. We have always owned a significant amount of these securities. So the bottom layer shows the baseline from which we started.

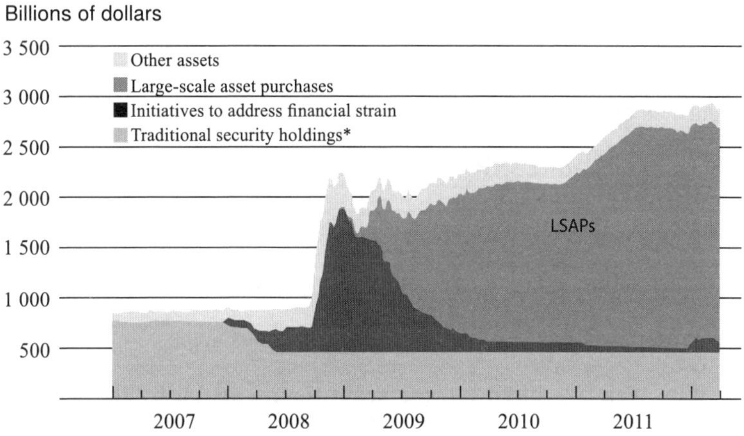

Figure 31. Federal Reserve Balance Sheet, Assets, 2007–2011

*Traditional security holdings reflect Treasury holdings through November 28, 2008; they are held constant after November 28, 2008.

Source: Federal Reserve Board

What else appeared on the Fed's balance sheet on the assets side during this period? The dark segment just above the traditional securities holdings represents assets acquired or loans made during the crisis period. You can see that in late 2008, our loans outstanding to financial institutions and to some other programs rose very sharply. But you can also see that as time passed, and certainly by early 2010, those initiatives to address financial strength had been greatly reduced.

If you look at the far right, you see a little bump recently. That is the currency swaps. We instituted and extended swap agreements with the European Central Bank and other major central banks, and there has been some usage of that in an attempt to try to reduce strains in Europe, and that shows up as a little bump there at the far right of the graph. Now again, we owned about eight hundred billion dollars in Treasury securities at the beginning of the crisis. But as you can see from the large area labeled "LSAPs", we added about two trillion dollars in new securities to the balance sheet during the period starting in early 2009. And then at the top, you have other assets, a variety of things, security reserves, physical assets, and other miscellaneous items.

Why were we buying these securities? This is, by the way, an approach that monetarists such as Milton Friedman and others have talked about. The basic idea is that when you buy Treasuries or GSE securities and bring them onto the balance sheet, that reduces the available supply of those securities in the market. Investors want to hold those securities and they have to settle for a lower yield. Or, put another way, if there is a smaller available supply of those securities in the market, investors are willing to pay a higher price for those securities, which is the inverse of the yield.

So by purchasing Treasury securities, bringing them onto our balance sheet, and reducing the available supply of those Treasuries, we effectively lowered the interest rate of longer-termed Treasuries and GSE securities as well. Moreover, to the extent that investors no longer having available Treasuries and GSE securities to hold in their portfolios, to the extent that they are induced to move to other kinds of securities, such as corporate bonds, that also raises the prices and lowers the yields on those securities. And so the net effect of these actions was to lower yields across a range of securities. And as usual, lower interest rates have supportive, stimulative effects on the economy.

So this was really a monetary policy by another name: instead of focusing on the short-term rate, we were focusing on longer-term rates. But the basic logic of lowering rates to stimulate the economy is really the same.

You might ask, "The Fed is buying two trillion dollars' worth of securities. How do we pay for that?" The answer is that we paid for those securities by crediting the bank accounts of the people who sold them to us. And those accounts at the banks showed up as reserves that the banks would hold with the Fed. So the Fed is a bank for the banks. Banks can hold deposit accounts with the Fed, essentially, and those are called reserve accounts. And so as the purchases of securities occurred, the way we paid for them was basically by increasing the amount of reserves that banks had in their accounts with the Fed.

Figure 32 shows the liability side of the Fed's balance sheet. Of course, assets and liabilities including capital have to be equal. So the liability side had to rise to nearly three trillion dollars, as you can see. As you look at this, look first at the bottom layer, which is currency, Federal Reserve notes in circulation. Sometimes you hear that the Fed

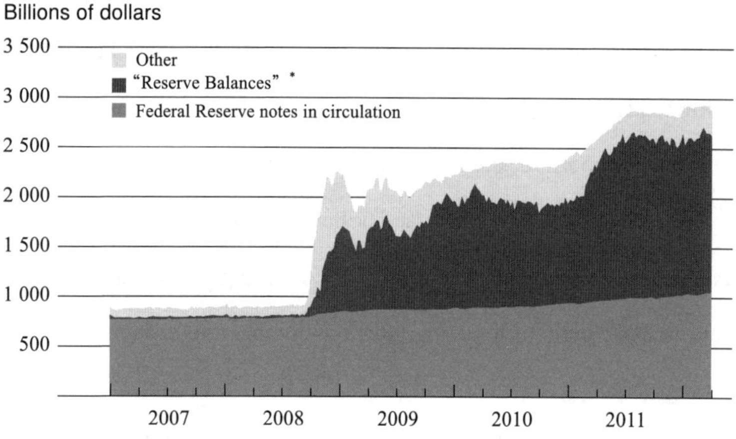

Figure 32. Federal Reserve Balance Sheet, Liabilities and Capital, 2007–2011

*Term deposits and other deposits held by depository institutions

Source: Federal Reserve Board

is printing money in order to pay for the securities we acquire. But as a literal fact, the Fed is not printing money to acquire the securities. And you could see it from the balance sheet here. That layer is basically flat; the amount of currency in circulation has not been affected by these activities.

What has been affected is the layer above that, reserve balances. Those are the accounts that commercial banks hold with the Fed, assets to the banking system and liabilities to the Fed, and that is basically how we pay for those securities. The banking system has a large quantity of these reserves, but they are electronic entries at the Fed. They basically just sit there. They are not in circulation. They are not part of any broad measure of the money supply. They are part of what is called the monetary base, but they certainly are not cash. Then the top layer is other liabilities, including Treasury accounts and a variety of other things that the Fed does. We act as the fiscal agent for the Treasury. But the two main items you can see are the notes in circulation and the reserves held by the banks.

So what do the LSAPs or the quantitative easing, what does it do? We anticipated when we took these actions that we would be able to lower interest rates, and that was generally successful. For example, thirty-year mortgage rates have fallen below 4 percent, which is a historically low level, but other interest rates have fallen as well. The interest rates corporations have to pay on bonds, for example, have fallen, both because the underlying safe rates have fallen but also because the spreads between corporate bond rates and Treasury rates have fallen as well, reflecting greater confidence in the financial markets about the economy. And lower long-term rates, in my view and in the Fed's analysis, have promoted growth and recovery.

Nonetheless, the effect on housing has been weaker than we hoped. We have gotten mortgage rates down very low. You would think that would stimulate housing, but the housing market has not yet recovered.

The Fed has a dual mandate; we always have two objectives. One of them is maximum employment, which we interpret to mean trying to keep the economy growing and using its full capacity, and low interest rates are a way of stimulating growth and trying to get people back to work. The second part of our mandate is price stability, low inflation. We have been quite successful in keeping inflation low. It has been a help that Volcker, in particular, and also Greenspan made it much easier for me because they had already persuaded markets that the Fed was committed to low inflation, and the Fed has built up a lot of credibility over the past thirty years or so. As a result, markets have been confident that the Fed will keep inflation low; inflation expectations have stayed low. And except for some swings up and down related to oil prices, overall, inflation has been quite low and stable.

At the same time, while we have kept inflation low, we have also made sure that inflation has not gone negative. Particularly around the time of QE2, in November 2010, there was concern that inflation had been falling. It was well below normal levels. The concern was we might get into negative inflation or deflation. Deflation has been a big problem for Japan's economy now for quite a few years, and I talked about deflation also in the context of the Great Depression. We certainly wanted to avoid deflation. So monetary ease also guarded against the risk of deflation by making sure that the economy did not get too weak.

One more comment on large-scale asset purchases. A lot of people do not distinguish between monetary and fiscal policy. Fiscal policy is the spending and taxation tools of the federal government. Monetary policy has to do with the Fed's management of interest rates. These are very different tools. And in particular, when the Fed buys assets as part of an LSAP or QE program, this is not a form of government spending. It does not show up as government spending because we are not actually spending money. What we are doing is buying assets, which at some point will be sold back to the market, and so the value of those purchases will be earned back. In fact, because the Fed gets interest on the securities we hold, we actually make a very nice profit on these LSAPs. What we have done over the past three years is transfer about two hundred billion dollars in profits to the Treasury. That money goes directly to reducing the deficit. So these actions are not deficit-increasing; they are in fact significantly deficit-reducing.

So a major tool we used when we ran out of room to lower short-term interest rates was LSAPs, asset purchases. The other tool we have used to some extent is communication about monetary policy. To the extent that we can clearly communicate what we are trying to achieve, investors can better understand our objectives and our plans, and that can make monetary policy more effective. The Fed has taken a lot of steps to become more transparent about monetary policy to try to make sure people understand what we are trying to accomplish.

For example, four times a year, after two-day FOMC meetings, I give a press conference and answer questions about monetary policy decisions. This is a new thing for the Fed in terms of trying to explain what our policies are.

Another recent step that we took in communicating our policies more clearly was to put out a statement that described our basic approach to monetary policy and, in particular, for the first time gave a numerical definition of price stability. Many central banks around the world already have a numerical definition of price stability, and in our statement we said that, for our purposes, we were going to define price stability as 2 percent inflation. And so, the markets will know that over the medium term, the Fed will try to hit 2 percent inflation, even as it also tries to hit its objectives for growth and employment.

Finally, the Fed has also begun to provide guidance to investors and the public about what we expect to do with the federal funds rate in the future, given how we currently see the economy. So, given how we currently see the economy, we tell the market something about where we think the rates are going to go. To the extent that the market better understands our plans, that is going to help reduce uncertainty in financial markets. And to the extent that our plans are, in some sense, more aggressive than the market anticipated, we will also tend to ease policy conditions.

The recession—the period of contraction, which was very severe—officially came to an end. There is a committee called the National Bureau of Economic Research, which officially designates the beginning and end dates of recessions. I was a member of that committee before I became a policymaker. And they determined that this recession began in December 2007 and ended in June 2009, so it was a long recession. When they say the recession ended, what that means basically is not that things are back to normal; it just means that the contraction has stopped and the economy is now growing again. So we have been growing now for almost three years, averaging about 2.5 percent a year. But as I described, we are still some distance from being back to normal. So when we say the economy is no longer in recession, we do not mean that things are great. We just mean that we are no longer actually contracting; we are now growing.

Figure 33 gives a picture of the sluggish economic recovery. The darker line in the graph shows the path of real GDP since 2007. The shaded area shows the period of the recession according to the National Bureau of Economic Research. You can see that it begins in December 2007, and real GDP begins to decline during that period. In mid-2009, the recession is officially over. And you can see that, since then, the darker line has been moving up as the real economy has been expanding.

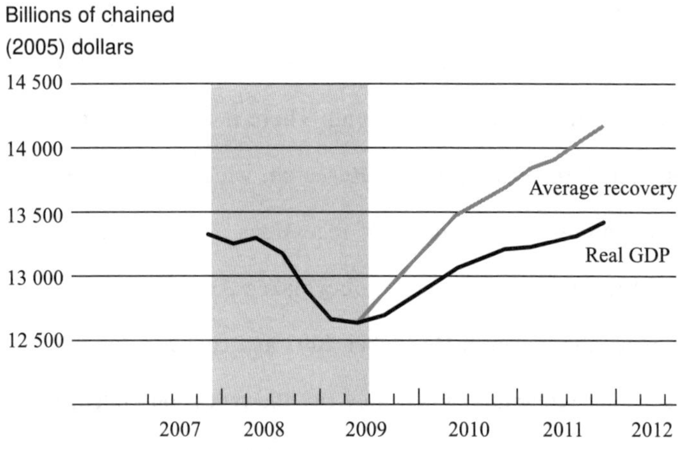

Figure 33. Real GDP, 2007–2012

Note: Vertical shading represents NBER recession dates. The average recovery is calculated using the average growth rate in quarters following NBER troughs since 1949.

Source: Bureau of Economic Analysis

But you can also see a comparison. Suppose that the economy

had been recovering since mid-2009 at the average pace of previous recoveries in the postwar period. That average recovery is shown by the lighter line. You can see that this recovery has been slower than the average recovery in the post-World War II period. It is actually even worse than that, in a way, because this was the most severe recession in the post–World War II period. And so you would expect that recovery might be a little quicker as the economy comes back to its normal level, but in fact it has been actually slower in terms of growth than previous postwar recoveries.

An implication of the sluggish recovery is only very slow improvement in the unemployment rate. In figure 34, you can see the unemployment rate rising sharply during the recession period, peaking at around 10 percent, and then slowly coming down to its current value of about 8.3 percent. That is still quite high. Figure 35 shows single-family housing starts. As I discussed, housing starts collapsed even before the recession began. Of course, that was a trigger of the recession. And you see how very sharply construction declined. If you look at the most recent year or two, you see that there have been a few little wiggles, but the housing market has not come back.

So this is one answer to the question, why has this recovery been more sluggish than normal? One reason certainly is the housing market. In a usual recovery, housing comes back. It is an important part of the

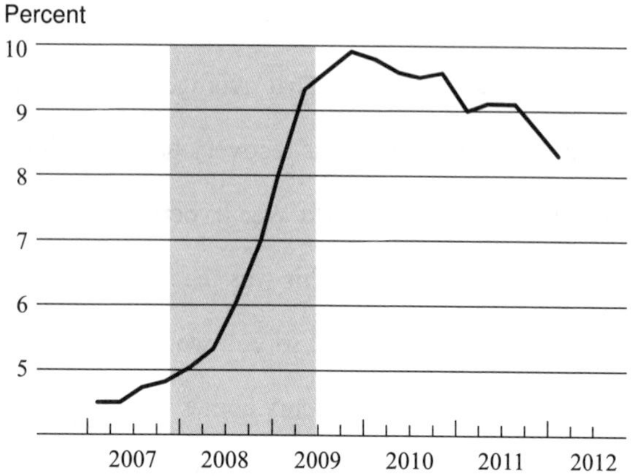

Figure 34. Unemployment Rate, 2007–2012

Note: Vertical shading represents NBER recession dates. Value of the first quarter of 2012 is the February reading.

Source: Bureau of Labor Statistics

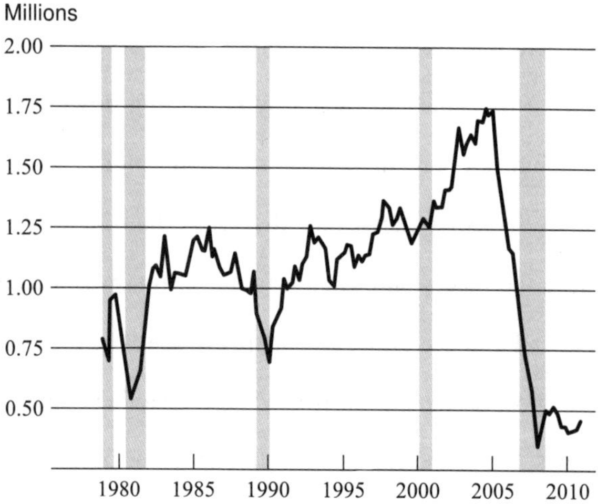

Figure 35. Single-Family Housing Starts, 1979–2011

Note: Vertical shading represents NBER recession dates.

Source: Census Bureau

recovery process. Construction workers get put back to work, related industries such as furniture and appliances begin to expand, and that is part of the recovery process. But in this case, we have not seen that. Why not?

There are still a lot of structural factors in the housing market that are preventing a more robust recovery. On the supply side, we still have a very high excess supply of housing, a high vacancy rate. Figure 36 shows the percentage of housing units in the United States that are vacant, such as foreclosed homes or homes where the seller is unable to find a buyer. You can see that the vacancy rate peaked at more than

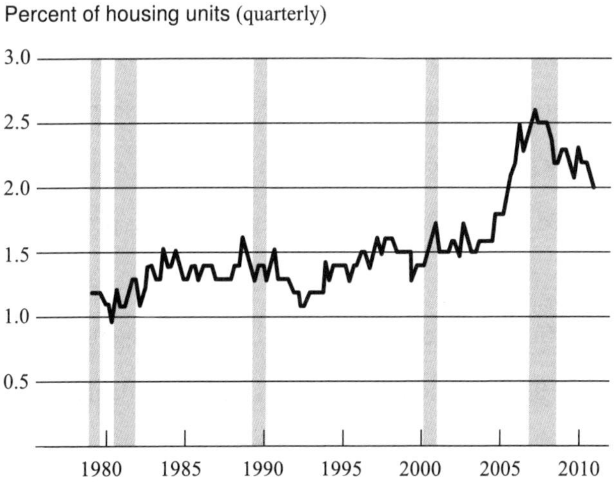

Figure 36. Homeowner Vacancy Rate for Single-Family Homes, 1980–2010

Note: Vertical shading represents NBER recession dates.

Source: Census Bureau

2.5 percent during the recession. It has come down some but is still well above normal levels. There are a lot of homes on the market, and that produces excess supply and falling house prices.

On the demand side, you might think that a lot of people would be buying houses these days because houses are really affordable. Prices are down a lot; mortgage rates are low. And so if you are able to buy a house, you can get an awful lot of house for your monthly payment now, compared to a few years ago. But being able to take advantage of that affordability requires, among other things, that you get a mortgage. Figure 37 shows what is happening in the mortgage market. The bottom line shows the tenth percentile and the top line the ninetieth percentile of credit scores of people receiving mortgages. And you can see that before the crisis, people with relatively low credit scores were able to get mortgages. But since the crisis, you can see the whole bottom part of the shaded area has been cut away, implying that people with lower credit scores—and 700 is not a terrible credit score—are unable to get mortgages. In general, conditions have been much tighter for obtaining mortgages. So even though housing is very affordable and monthly payments are affordable, a lot of people are unable to get mortgages.

So, with a lot of excess supply in the housing market and with a lot of people unable to get mortgage credit or afraid to get back into the housing market, house prices have been declining, as shown in figure

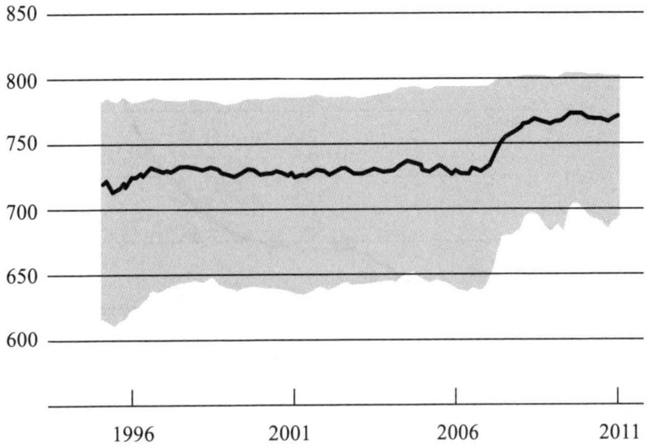

Figure 37. Credit Scores on Newly Originated Mortgages, 1995–2011

Note: Shaded region shows tenth to ninetieth percentile; line shows the median.

Source: LPS Applied Analytics

38. Recently we have seen some leveling off, but so far not much evidence of an upturn. Declining house prices mean it is not profitable to build new houses, and so construction has been quite weak. And more broadly, when existing homeowners see their house prices decline, it may mean they cannot get home equity lines of credit or they just feel poorer. And so that affects not just their housing behavior, but also their willingness and ability to buy other business services. So the declines in housing prices and, to some extent, also stock prices are part of the reason consumers have been cautious and less willing to spend.

Housing was a major cause of this crisis and recession. The other major factor was the financial crisis and its impact on credit markets.

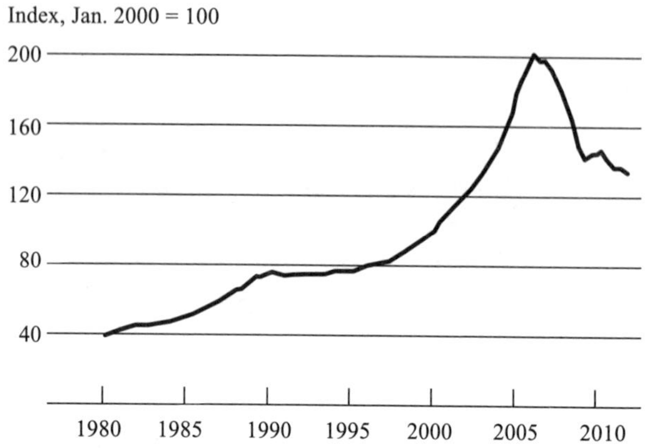

Figure 38. Prices of Existing Single-Family Houses, 1980–2012

Note: Includes purchase transactions only.

Source: CoreLogic

And that is another reason the recovery has been somewhat slower than we would have hoped. As I have discussed, the U.S. banking system is stronger than it was three years ago. The amount of capital in the banking system over the past three years has increased by something like three hundred billion dollars, a very significant increase. And generally speaking, we are seeing credit terms getting a bit easier. We are seeing expansions in bank lending in a lot of categories. So there is certainly some improvement in banking and credit.

Nevertheless, there are still scenarios where credit remains tight. I have already talked about mortgages: if you have anything less than a perfect credit score, it is very difficult to get a mortgage these days. And other categories such as small businesses have also found it difficult to get credit. It is well known that small business is an important creator of jobs, so the inability to start a small business or to get credit to expand a small business is one of the reasons job creation has been relatively slow.

Another aspect of financial and credit markets has to do with the European situation. Following the financial crisis in Europe, which was very severe alongside of ours, there is now a second stage in which the solvency issues of a number of countries, the concerns about whether countries such as Greece and Portugal and Ireland can pay their creditors, have led to stressed financial conditions in Europe. And those have negatively affected the United States by creating risk aversion and volatility in the financial markets.

A lesson worth drawing from this is that monetary policy is a powerful tool but it cannot solve all the problems that there are. And in particular, what we are seeing in this recovery is a number of structural issues relating, for example, to the housing market, to the mortgage market, to banks, to credit extension, and of course to the European situation, where other kinds of policies—whether fiscal policies or housing policies or whatever they may be—are needed to get the economy going again. So the Fed can provide stimulus. It can provide low interest rates. But monetary policy by itself cannot solve important structural, fiscal, and other problems that affect the economy.

This is all rather discouraging. Again, it has taken a while to get back to where we are, and we are still a long way from where we would like to be. So let me say a few words about the long run. We did have, of course, a major trauma. The crisis was very deep. We have a lot of people who have been unemployed for a long time. About 40 percent or more of all the unemployed had been unemployed for six months or more. And if you are unemployed for six months or a year or two years, your skills will start to atrophy and your ability to get reemployed will decline. So that clearly is a problem. And then there are many other issues that the United States was facing even before the crisis, such as federal budget deficits, and those have not gone away. In fact, they have gotten somewhat worse through the recession. So clearly, there have been some real headwinds for our economy.

That said, I think it is important to understand that our economy has faced many short-term shocks in the past, and some not so short-term, but it has always been able to recover. We have a lot of strengths in this economy. It is, of course, the largest economy in the world; between 20 and 25 percent of all output in the world is produced in the United States, even though we have something like 6 percent or less of the world's population. And the reason that we are so productive has to do with the diverse set of industries we have; our entrepreneurial culture, which still is clearly the best in the world; the flexibility of our labor markets and our capital markets; and our technology, which remains one of our very strongest points. Increasingly, technology has been driving economic growth. And with some of the finest universities and research centers in the world as magnets for talented people from around the world, the United States has been very successful in the research and development area. So, that has also been a source of ongoing growth and innovation in our economy. Again, we have weaknesses and the financial crisis highlighted a few, but we have also tried to address them by strengthening our financial regulatory system.

I find figure 39 interesting, to put in perspective what I have been discussing during these lectures. The dashed line shows a constant growth rate of a little over 3 percent in real terms. This is a log scale, so the straight line means a constant growth rate. And you can see that, going back to 1900, the United States economy has grown reasonably consistently at around 3 percent annually for more than a century. In the 1930s, you can see the big swing as the Great Depression pulled actual output below the trend line. And then you can see the movement above the trend line during World War Ⅱ. But look what happened after World War Ⅱ: we went right back to the trend line. There were recessions and booms and busts in the postwar period, but growth remained fairly close to the trend line. Now, if you look to the very far right, you see where we are today: we are below the trend line. There

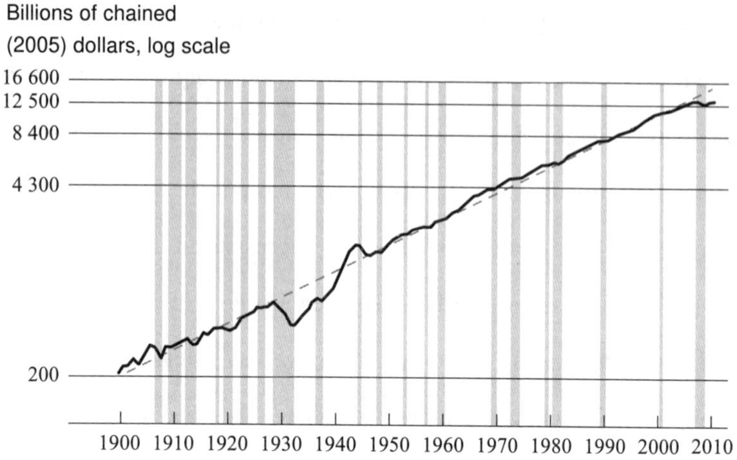

Figure 39. Real GDP, 1900–2010

Note: Vertical shading represents NBER recession dates; dashed line denotes trend.

Sources: For 1900–1928, Historical Statistics of the United States, Millennial Edition, table Ca9; for 1929–present, Bureau of Economic Analysis

are debates about whether that decline is permanent. But looking at history, I think there is a reasonable chance that the U.S. economy will return to a healthy annual growth rate somewhere in the 3 percent range. There are factors to take into account, such as changes in our population growth rate, the aging of our population, and so on. But broadly speaking, what this graph shows is that, over long periods, our economy has been successful in maintaining long-term economic growth.

I will say a few words about regulatory changes. In the last couple of lectures I discussed the vulnerabilities in both the private and public sectors in the financial system. On the public side, the crisis revealed many weaknesses in our regulatory system. We saw what happened with Lehman Brothers and AIG, the effects of the "too big to fail" problem on our system, and more generally, the problem of the lack of attention to the broad stability of the system as opposed to individual parts of the system.

There has been a very substantial amount of financial regulatory reform in the United States since 2008, and the biggest piece of legislation is the so-called Dodd-Frank Act.[①] This legislation, officially named the Wall Street Reform and Consumer Protection Act, which was passed in the summer of 2010, was a comprehensive set of financial reforms addressing many of the vulnerabilities that I discussed earlier.

Now, what were these vulnerabilities? One was the fact that there was nobody watching over the whole system, nobody looking at the entire financial system to spot risks and threats to overall financial stability. So, one of the main themes of the Dodd-Frank Act is to try to create a systemic approach, where regulators look at the whole system and not just individual components of it. Among the tools to do that is a newly created council called the Financial Stability Oversight Council (FSOC), of which the Fed is a member, which helps regulators

---

① In United States, legislation is unofficially named after the chairs of the relevant committees. Barney Frank was the chairman of the House Financial Services Committee when the Democrats controlled the House in 2010, and Chris Dodd was the chairman of the Senate Banking Committee.

coordinate. We meet regularly in this council and discuss economic and financial developments and talk about ways that we can look at the whole system and try to avoid various kinds of problems.

Moreover, the Dodd-Frank Act gave all regulators responsibility to take into account broad systemic implications of their own individual regulatory and supervisory actions. And in particular, the Federal Reserve has greatly restructured our supervisory divisions so that we are looking now very comprehensively at a whole range of financial markets and financial institutions. As a result, now we have a big picture that we did not have before the crisis.

I mentioned in my discussion of vulnerabilities the many gaps in the financial system. There were important firms, such as AIG, for example, but others as well, that had no significant comprehensive oversight by any regulatory agency. The Dodd-Frank Act provides a fail-safe in that the FSOC can designate, by vote, any institution it views as not being adequately regulated to come under the supervision of the Federal Reserve. That process is going on now. So there will not be any more large, complex, systemically critical firms that have no oversight. Likewise, the FSOC can also designate the so-called financial market utilities like a stock exchange or some other major exchange to be supervised by the Fed and other agencies. So those gaps are being closed. We will not have the situation that we had before the crisis.

Another set of problems had to do with "too big to fail" and dealing with firms that are systemically critical. The approach to dealing with too big to fail or systemically critical institutions is two-pronged. On the one hand, under Dodd-Frank, large, complex, systemically important financial institutions are going to face tougher supervision regulation than other firms. The Federal Reserve, working with international regulators, has established higher capital requirements that these firms will be subject to, including surcharges for the very largest and most systemic firms. Rules like the Volcker Rule, which prohibits bank affiliates from taking risky bets on their own accounts, will try to reduce the riskiness of large firms. Stress tests will be conducted. Dodd-Frank requires that large firms be stress tested by the Fed once a year and conduct their own stress tests once a year. So we will be comfortable, or at least more comfortable, that these firms can withstand a major shock to the financial system.

Now, one part of tackling "too big to fail" is to bring these large, complex firms under more stringent scrutiny: more supervision, more capital reserves, more stress tests, more restrictions on their activities. But the other side of tackling "too big to fail" is, well, failing. In the crisis, the Fed and the other financial agencies faced a terrible choice of either trying to prevent some large firms such as AIG from failing, which was a bad choice because it ratified "too big to fail" and meant that the firms were not adequately punished for the risks they took, or letting them fail and potentially destabilize the whole financial system and the economy. So that is the "too big to fail" problem. The only way to solve that problem, in the end, is to make it safe for a big firm to fail. One of the main elements of the Dodd-Frank Act is what is called the "orderly liquidation authority," which has been given to the FDIC. The FDIC already has the authority to shut down a failing bank, and it can do that quickly and efficiently, typically over the weekend. And depositors are made whole. The FDIC's ability to do that has prevented panics and bank runs since the 1930s. The idea here is that the FDIC will do something similar, but for large, complex firms, which obviously is much more difficult. But in cooperation with the Fed, and with regulators from other countries in the case of multinational firms, work is under way to prepare. So should it happen that a large firm comes to the brink of insolvency and cannot find a solution—cannot find new capital, for example—the Fed's ability to intervene the way we did in 2008 has been taken away. Legally, we cannot do that anymore. The only option we will have is to work with the FDIC to safely wind down the firm, and that will ultimately reduce or, we hope, eliminate the "too big to fail" problem.

There are many other aspects of the Dodd-Frank Act. Another vulnerability I discussed was the exotic financial instruments, derivatives and so on, that concentrated risk. There is a whole set of new rules that require more transparency about derivatives positions, standardization of derivatives, and trading of derivatives through third parties called central counterparties. The idea here is to take derivatives and those transactions out of the shadows, to make them available and visible to both the regulators and the markets to avoid a situation like we saw during the crisis.

The Federal Reserve did not do as good a job as it should have in protecting consumers on the mortgage front. So the Dodd-Frank Act creates a new agency, called the Consumer Financial Protection Bureau, which is meant to protect consumers in their financial dealings, and that would include things like protections on the terms of mortgages, for example.

So there is quite a variety of aspects of Dodd-Frank. It is a large and complex bill, and there has been a lot of complaining about the fact that it is large and complex. The regulators are doing their best to implement these rules in a way that will be effective and, at the same time, minimize the cost to the industry and to the economy. That is difficult, but it is an ongoing process. We do that through an extensive process of putting out proposed rules, gathering comments from the public, looking at those comments, making changes to the rules, and so on. It is an iterative process through which we put in place these regulatory standards. And again, it is still very much under way.

Let me conclude by saying a couple of things about the future. Central banks, not just in the United States but around the world, have been through a very difficult and dramatic period, which has required a lot of rethinking about how we manage policy and how we manage our responsibilities with respect to the financial system. In particular, during much of the World War Ⅱ period, because things were relatively stable, because financial crises were things that happened in emerging markets and not in developed countries, many central banks began to view financial stability policy as a junior partner to monetary policy. It was not considered as important. It was something to which they paid attention, but it was not something to which they devoted many resources.

Obviously, based on what happened during the crisis and the effects we are still feeling, it is now clear that maintaining financial stability is just as important a responsibility as maintaining monetary and economic stability. And indeed, this is a return to where the Fed came from in the beginning. Remember that the reason that Fed was created was to try to reduce the incidence of financial panics; financial stability was the original goal in creating the Fed. So now we have come full circle.

Financial crises will always be with us. That is probably unavoidable. We have had financial crises for six hundred years in the Western world.

Periodically, there are going to be bubbles or other instabilities in the financial system. But given what the potential for damage is now, as we have seen, it is really important for central banks and other regulators to do what we can, first, to anticipate or prevent a crisis, but also, if a crisis happens, to mitigate it and to make sure the system is strong enough to make it through the crisis intact.

Again, we began by noting the two principle tools of central banks, serving as lender of last resort to prevent or mitigate financial crises, and using monetary policy to enhance economic stability. In the Great Depression, as I described, those tools were not used appropriately. But in the recent episode, the Fed and other central banks used these tools actively. I should also say that there has been a great convergence, that other major central banks have followed policies very similar to that of the Fed. And in any case, I believe that by using these tools actively, we avoided much worse outcomes in terms of both the financial crisis and the depth and severity of the resulting recession. A new regulatory framework will be helpful. But again, it is not going to solve the problem. The only solution in the end is for us regulators and our successors to continue to monitor the entire financial system and to try to identify problems and to respond to them using the tools that we have.

Dialogues

Student: In the first lecture, you touched on the Main Street versus Wall Street divide, and this has been in the back of my mind throughout the lecture series. You have talked about the importance of educating the public on monetary policy. And although this lecture series has definitely demystified the Fed for me, I think it has really been Wall Street, not Main Street, that has been tuning in. So, given how unpopular bank bailouts were among many Americans struggling to pay their mortgages who don't really understand the importance of financial stability, do you ever see Americans reconciling these differences?

Chairman Bernanke: You're right. Some of the same conflicts that we saw in the nineteenth century, we see echoes of them today as well. I do not have a simple answer to that question. As you know, the Fed has done more outreach—the press conferences and other kinds of tools—to try to explain what we did and what we are doing. Clearly, the Fed is very accountable. We testify frequently, not just myself but other members of the Board or Reserve Bank presidents. We give speeches. We appear at various events and so on.

It is inherently difficult because the Fed is a complicated institution. And as you have seen in these four lectures, these are not simple issues. But all we can do, I think, is to do our best and hope that our educators, our media, and so on will begin to carry the story and help people understand better. It is a difficult challenge and it does reflect a tension in American feelings about central banks ever since the beginning.

Student: Earlier you mentioned that the Fed had several ways to unwind the large-scale asset purchases, including selling them back into the market. What guarantees that investors will be willing to buy them back in the future?

Chairman Bernanke: We have essentially three separate types of tools that we can use, any one of which by itself would allow us to unwind our policies. But taken together, they give us a lot of comfort.

First, we have the ability to pay interest on the reserves that banks hold with us. So, when the time comes for the Fed to raise interest rates, we can do so by raising the rate of interest we pay to banks on those reserves. Banks are not going to lend out the reserves at a rate lower than they can earn at the Fed. And so that will lock up those reserves, raise interest rates, and serve to tighten monetary policy. So, that one tool by itself, even if our balance sheets stayed large, could tighten monetary policy.

The second tool we have is what are called draining tools. Basically, we have various ways that we can drain the reserves from the banking system and replace them with other kinds of liabilities even as the total amount of assets on our balance sheet remains unchanged.

The third and final option is either to let the assets run off as they mature or to sell them. These are Treasury securities and government-guaranteed securities. It is certainly possible that the prevailing interest rate when we sell those securities will be higher than it is today. In other words, we will have to pay a higher interest rate in order to make investors willing to acquire them. But actually, that will be part of the process. That will be a time when we are trying to raise interest rates. It will be the reverse of what we did when we bought them. At that point, we will be trying to raise interest rates in order to exit from the easy policy to a policy that will allow the economy to grow in a low-inflationary way.

So, I do not think there is any danger that investors will not buy the assets. They will certainly buy them at a higher interest rate, and that would be part of the objective of reducing the balance sheet to tighten financial conditions, so as to avoid inflation concerns in the future.

Student: I read an article that laid out a plan to allow homeowners who have been on time with their mortgage payments to refinance at the current lower rates as a way to protect them from their housing prices dropping. I was wondering whether you have heard of plans like that and what sort of involvement the Fed would have or whether that would fall to the Consumer Financial Protection Bureau.

Chairman Bernanke: There are some programs like that, one in particular is called the HARP program, which is run by the GSEs, Fannie and Freddie, and by their regulator, the Federal Housing Finance Agency. In this program, if you are underwater in your mortgage—in other words, if you owe more on your mortgage than your house is worth—you still may be able, under this program, if your mortgage is held by Fannie or Freddie, to refinance at a lower interest rate, which will reduce your payments. That program is under way and being expanded. It does not necessarily work if your mortgage is being held by a bank because they are not part of this program, but they may choose voluntarily to do it. But you might be out of luck if your mortgage is not held by Fannie or Freddie.

So, there are programs like that. The Fed is not involved in them. Our job has been to keep mortgage rates low and hope that we can help homeowners. But programs like that, which allow people to get lower payments, obviously are going to be helpful to those people because they will face less financial stress, and there would be a smaller chance that they will end up being delinquent on their mortgages.

Student: You mentioned in your lecture the dangers of deflation from the Great Depression and more recently in Japan. And one of the arguments for maintaining a target inflation rate above zero is to provide a cushion against the possibility of deflation. Yet in the last two recessions in the United States, there has been a significant fear of deflation, causing the Fed to keep monetary policy very accommodative in the beginning of the last decade and even more so at this point. Do you think that 2 percent is enough of a cushion to prevent deflation? And have you considered higher inflation target rates?

Chairman Bernanke: That is a great question, and there has been a lot of research on it. It seems that the international consensus is around 2 percent. Almost all central banks that have a target have either a 2 percent target or a 1–3 percent target or something similar. And there is a trade-off here, because, on the one hand, you want to have it above zero, as you say, in order to avoid or reduce deflation risk. But on the other hand, if inflation is too high, it is going to create problems for markets. It is going to make the economy less efficient. And so there is a trade-off in which one level of inflation gives you at least some reasonable buffer against deflation, but it is not so high that it makes markets work less well. And so again, the international consensus has been around 2 percent, and that is where the Fed has been informally for quite a while. So that is what we announced, and for the foreseeable future that is where we plan to stay. But obviously researchers will continue to look at this issue, trying to pinpoint exactly where the optimal trade-off is.

Student: You mentioned that one of the biggest lessons you learned from the recent financial crisis is that monetary policy is powerful but it cannot solve all the problems, especially structural problems. What are the effective tools that can be used to solve these structural problems in housing and financial and credit markets?

Chairman Bernanke: It depends on the particular set of problems. In the case of housing, the Federal Reserve staff wrote a white paper that analyzed a number of the issues, not just foreclosures, but also what to do with vacant houses, how to get more appropriate mortgage origination conditions, and issues of that sort. We did not come out with a list of actual recommendations because that is really up to Congress and to other agencies to determine. But we did go through a whole list of possible approaches.

But housing is a very complex problem, and there are many different things that could be done to try to make it work better. And indeed, looking forward, given the problems with Fannie and Freddie, we have some very big decisions to make as a country about what our housing finance system is going to look like in the longer term.

In Europe, for example, there has been a very complex problem. We have been in close discussions with our European colleagues. They have taken a number of steps. Right now they are talking about a so-called firewall, how much money they are going to contribute to provide protection against the possibility of contagion if some country defaults or fails to pay its bills.

Each of these issues has its own approach. In the labor market, we have the problem of people who have been out of work for a long time. Obviously, one of the best ways to deal with that would be some form of training, increasing skills. So you could just go down the list. And basically, anything that makes our economy more productive, more efficient, and deals with some of these long-term issues related to our fiscal problems, those are all things that would help. And the fact that the Fed is doing what we can to try to support the recovery should not mean that no other policies are undertaken. I think it is important that we look across the entire government and ask what kinds of constructive steps can be taken to make our economy stronger and to help the recovery be more sustainable.

Student: You mentioned that the Fed is doing what it can to sustain the recovery, but with unemployment at 8.3 percent and the housing market very sluggish and the problems in Europe, what other tools does the Fed have to address other issues that might arise in the future—say, if unemployment starts to rise, or the housing recovery gets worse, or Portugal, Spain, and Italy default?

Chairman Bernanke: Oh, my! You will cost me a night's sleep now. What I described today is basically what the toolkit is for the Federal Reserve and other central banks. We still have lender of last resort authority. It has been modified in some ways by the Dodd-Frank Act—strengthened in some ways and reduced in some ways. So between that and our financial regulatory authority, we want to make sure our financial system is strong. And we have worked particularly hard to make sure that we do everything we can to protect our financial system and our economy from anything that might happen in Europe. So, that whole set of tools is still available and in play should there be any new problems in financial markets.

On the monetary side, we do not have any completely new monetary tools, but we have our interest-rate policies, and we can continue to use monetary policy as appropriate as the outlook changes to try to achieve the appropriate recovery while still maintaining price stability, which is the other half of the Federal Reserve mandate.

So we have these two basic sets of tools. We will have to continue to evaluate where the economy is going and use them appropriately. We do not have lots of other tools. And that is why I was saying earlier that we really need an effort across different parts of the government, and indeed the private sector, to do what can be done to get our economy back on its feet.

Student: You spoke a lot about the economic recovery and that, although it is painfully slow, there is a clear recovery happening. What are the key indicators that you and the Federal Reserve are looking at that would suggest that the private sector has begun self-sustaining this economic recovery and that the Fed may begin to tighten monetary policy?

Chairman Bernanke: That is a great question. First, one set of indicators that has been looking better lately and we have been paying a lot of attention to is developments in the labor market, jobs, unemployment rate, unemployment insurance claims, hours of work, all of those indicators suggest that the labor market is strengthening. And indeed, employment is one of our two objectives. So clearly, that is something we would like to see sustained. We would like to see a continued improvement in the labor market.

As I discussed in the third lecture, it is much more likely that the improvement in the labor market will be sustained if we also see increases in overall demand and overall growth. So we will continue to look at indicators of consumer spending and consumer sentiment, capital plans, capital expenditures, indicators of optimism on the part of firms, those kinds of things, to see where production and demand are going to go. And then, of course, as always, we have to look at inflation and be comfortable that price stability will be maintained and that inflation will be low and stable. So those are the things we will be looking at, and there is no simple formula. But as the economy strengthens and becomes more self-sustaining, then at some point the need for so much support from the Fed will begin to diminish.